証言　雪崩遭難

証言　雪崩遭難／目次

はじめに

真に恐ろしい雪崩事故

雪崩事故がなくならない。雪崩による死者がゼロにならない。なぜなのか。科学は進歩し、雪崩発生のメカニズムが明らかになっている。もちろん科学は、雪と雪崩の謎をすべて解明できているわけではない。街でも山でもスマートフォンでさまざまな気象情報を入手できるようになり、天気の予測が容易になった。雪崩埋没者の捜索救助法も向上している。雪崩トランシーバー（旧称：雪崩ビーコン）はアナログからデジタルになり、より簡単により速く捜索できるようになった。シャベルやプローブの改良も続く。そうであるなら、雪崩事故と死者が減少してもよいではないか。

雪崩は、層構造になっている積雪のなかに〝弱層〟があり、人間が〝弱層〟を破壊して起きる。風と地形によって生じる吹きだまりは、積雪が不安定で雪崩の危険性が高い。人間がまだ不安定な段階の吹きだまりに入り、積雪を刺激して雪崩が発生する。

雪崩とは、「斜面に積もった雪が重力の作用により斜面上を肉眼で識別できる速さで流れ落ちる現象」と定義される（新版雪氷事典）。つまり、斜面に積もった雪が滑り落ちようとする力

（駆動力）が、斜面にとどまろうとする力（摩擦力）を上回ると均衡が破れ、雪崩が発生する。駆動力と摩擦力の均衡を破るのは人間だ。雪崩の原因は、〝弱層〟や〝吹きだまり〟ではなく、人間にあるのだ。

科学も装備も変わった。ならば、人間が変わらなければならない。人間が変わらないかぎり雪崩事故はなくならず、人間が変わらないかぎり雪崩による死者はなくならない。

この本は雪崩事故を起こした人たち、捜索救助に当たった人たちの〝証言集〟である。人間が変わってほしいと私は思う。この本、『証言 雪崩遭難』が、そのために役立つことを願っている。

本書では七つの雪崩事故の事例を取り上げる。事故が発生した古い順から概要を紹介しよう。

［事例1］は、上ホロカメットク山下降ルンゼの雪崩事故（2007年11月13日）である。シーズン最初の新雪を滑るため、二十歳代の二人が硬い雪面に進入、雪崩が発生した。女性が雪崩トランシーバーで捜索し、男性を発見、生存救出した。彼らが所属した大学のクラブは日本で初めて組織として雪崩トランシーバーを導入し、活用してきた。その成果が、コンパニオン・レスキューの成功に結びついた事例であった。

［事例2］は、上ホロカメットク山化物岩の雪崩事故（2007年11月23日）である。下降ルンゼ事故の十日後、下降ルンゼ雪崩事故と同じ弱層が破断して大規模な雪崩が発生し、四名が死亡した。雪崩トランシーバー携行の有無が生死を分け、捜索救助訓練の重要性が認識され、北海道の登山界に大きな衝撃を与えた雪崩事故であった。

［事例3］は、大山《だいせん》別山沢の雪崩事故（2016年3月6日）のケース。瀬戸内海に面した都会に暮らす二人のスキーヤーは雪崩知識が乏しく、雪崩の危険を切実には感じていなかった。湿り気の多い雪で雪崩のスピードは遅く、二〇〇メートルほど流されて自力脱出できたが、〝湿雪パウダー〟と呼ばれる大山特有の雪崩だった。雪がない地域に暮らすバックカントリースキーヤーが急増するなか、雪崩事故の怖さと雪崩事故の増加を暗示させるような事故であった。

［事例4］は、立山の浄土山雪崩事故（2016年11月29日）。首都圏の大学山系クラブは、部員減少の影響で知識や技術の伝承がうまく進んでいないことが多い。登山のもっとも基本的な技術、地図読みができず、ルートを間違えて吹きだまりが発達した斜面に進入。六名全員が流され、三名が埋没。最も深く埋没した三年生のリーダーが死亡した。首都圏の大学山系クラブに所属する学生たちへの雪崩教育、登山教育の重要性を痛感させられる事故であった。

［事例5］は、燧ヶ岳雪崩事故（2019年3月9日）。SNSの影響を受け、急峻な斜面ばかり

を〝追求〟する単独スキーヤーが増えてきた。会員制探索サービス「ココヘリ」に加入して雪崩に対処していたというが、雪崩発生の危険性がきわめて高い日に滑降して雪崩を誘発、死亡してしまった。

［事例6］白馬乗鞍岳裏天狗の雪崩事故（2020年2月28日）。プロスノーボーダーが雪崩を誘発、標高差三五〇メートル、長さ五五〇メートルを流され、深さ約一メートルに埋没した。雪崩トランシーバーを持っていたが、電源を入れ忘れていた。付近にいたガイド資格検定中のパーティが雪崩を目撃、捜索を行ない、三時間一分後に生存救出。世界で初めてのスラロームプロービングによる生存救出であった。体温三十度Cだった。

［事例7］大雪山上川岳雪崩事故（2021年2月28日）。学生四名パーティが下山中に雪崩を誘発し、二名が埋没。残った二名がコンパニオン・レスキューを行ない、雪崩トランシーバーで発見、気道確保を行なった。さらに救助に加わったパーティが、低体温症への保温と加温処置を行ない、警察へ通報した。コンパニオン・レスキューの重要性と救出後の適切な保温・加温の処置の重要性を認識させた雪崩事故だった。

しかし、冒頭にも記したように、雪崩事故はなくならない。七件の事例を検証することによって、雪崩発生のメカニズムと教訓を本書から学び取ってほしい。

十勝連峰・上ホロ下降ルンゼの雪崩事故

2007年11月13日

コンパニオン・レスキューの成功例

急斜面を滑りたい

静岡県出身の宍倉《ししくら》優二（29歳）と札幌出身の馬場明日希《あすき》（24歳）は、北海道大学山スキー部の先輩、後輩の関係だ。馬場が入部したとき、宍倉は四年生だった。宍倉は急斜面を滑る指向が強く、日高山脈の稜線からカール地形の急斜面を滑降する山行を好んだ。卒業するとスポーツ専門のカメラマンとして札幌を拠点に活動していた。馬場は札幌出身でスキーがうまく、入部してすぐに山にのめり込んだ。年間一〇〇日、山へ行く学生生活。大きな山が好きで、宍倉と同じように日高山脈のカール滑降が好きだった。卒業すると青年海外協力隊に参加。南米のコロンビアで子どもたちに環境教育を教え、二年間の勤務を終えて八月に帰国したばかりだった。時間が自由になる二人は気心が知れ、スキーの指向が似通っていた。シーズン最初のスキーをしたかった。

二人は二〇〇七年十一月九日に北海道の最高峰旭岳（二二九一メートル）へ滑りにいったが、雪不足で不完全燃焼。四日後、雪を求め、十勝岳連峰へ行くことにした。目的地は、富良野岳（一九一二メートル）から十勝岳（二〇七七メートル）にかけてのどこかの斜面を滑るという漠然としたものだった。

宍倉はこの年の四月に滑った上ホロカメットク山（通称カミホロ、一九二〇メートル）周辺のルンゼスキーが面白かったという印象が強く、稜線から安政火口に落ち込むルンゼのどれかを滑るつもりだった。宍倉は出発前、「急斜面を滑るかもしれない」と馬場に伝えていた。

少雪、硬い斜面、雪崩に無警戒

二〇〇七年十一月十三日午前六時半、雪崩トランシーバーの発信・受信機能をチェックして標高一四〇〇メートル付近の十勝岳温泉の登山口を出発した。積雪は五〜一〇センチほどしかなく、ここ数日間雪が降っていなかった。

三十分で安政火口の入り口「Zポイント」に着いたが、積雪は少し増え二〇〜二〇センチほど。昭和の初め、北大山岳部が十勝岳連峰の積雪期登山ルートを開拓するため、要所要所にアルファベットで〝地名〟をつけた。その地名は、今なお北海道の岳人に広く使用されている。「Zポイント」もその一つだ。

滑るつもりだった稜線から西へ延びるルンゼにも新雪がついておらず、硬そうだった。雪崩より滑落が心配になった。可能性は低いが、主稜線の東側の斜面に新雪が残っているかもしれない。二人は稜線までスキーを担ぎ上げることにした。快晴で無風、天気は申し分なかった。

十勝岳連峰の罠

山スキー部では滑降する斜面の積雪安定性を判断するため、弱層テストを行なう。しかし、二人はこの日、一度も弱層テストを行なわなかった。なぜなら、積雪が非常に少なく、入山前の数日間に雪が降っていなかったからだ。アイゼンを着けてからのルートは、ときおり足が雪に沈むことはあったが、基本的にアイゼンの歯の部分が沈む程度の硬い雪面だった。硬い雪なら、表層雪崩の危険はないと二人とも思い込んでいた。

宍倉は「こんな硬いバーンが雪崩れるわけがない」。馬場は「雪は硬いしカリカリだった。

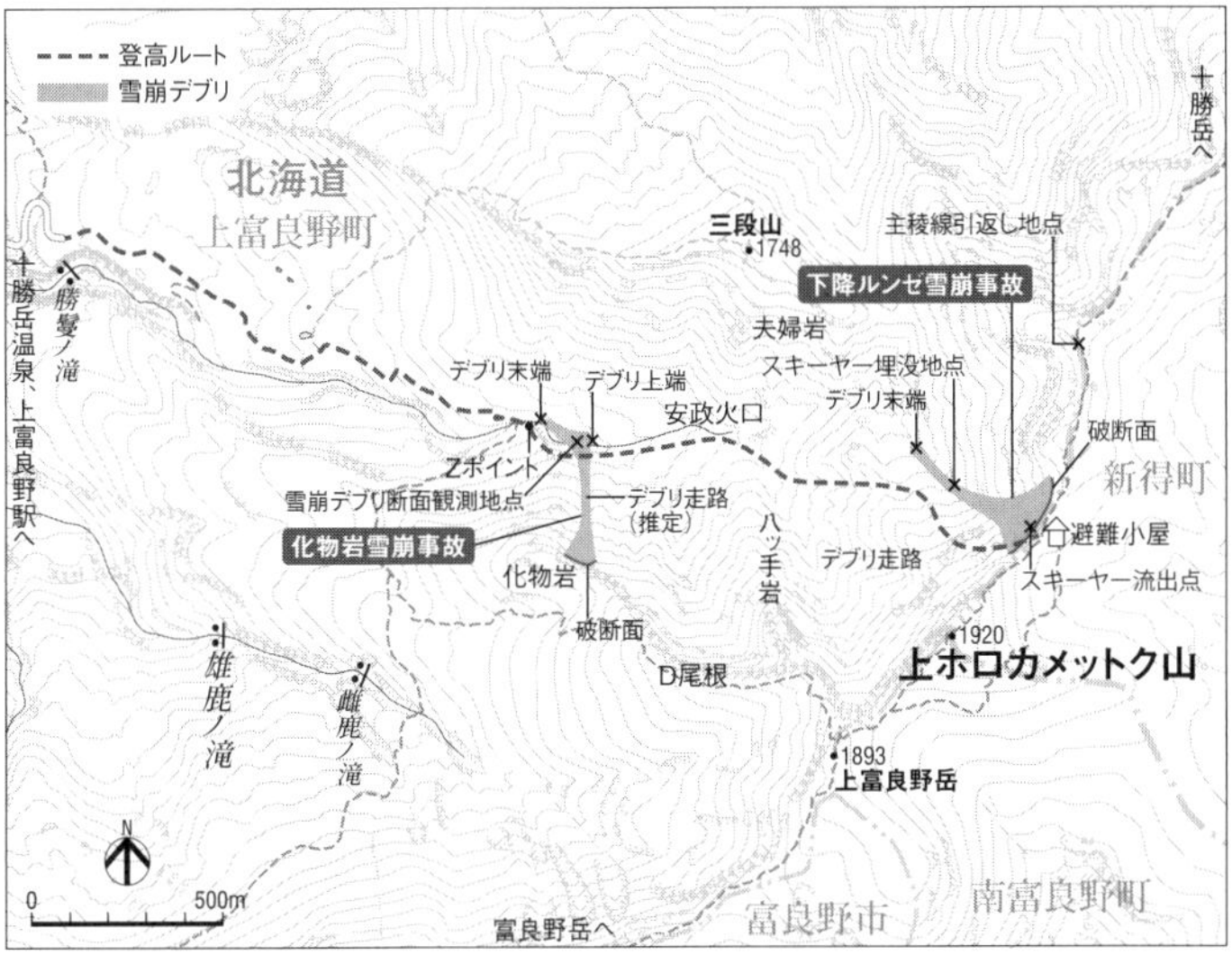

上ホロカメットク山下降ルンゼ雪崩事故と化物岩雪崩事故の雪崩範囲

雪崩のことはまったく頭になかった」。

二人は、雪崩に無警戒になっていた。

十勝岳連峰で発生する雪崩事故の特徴は、アイゼンで歩行しても沈まないほど硬い雪面が破断し、雪崩が発生することだ。このような積雪状況で起きた雪崩事故は多く、十一月、十二月ころの積雪が少ない初冬はとくに危険だった。弱層は、放射冷却で一気に気温が十度C以上下がるときに発達する〝しもざらめ雪〟だ。

雪がなく、スキーができない

二人は上ホロ山頂周辺の稜線から落ちる沢筋が見渡せる所まで登り、スキーのできそうな斜面を探した。ここしばらくほとんど降雪がなく、どのルンゼも新雪が積もっていなかった。スキーをしても面白くないのは明らかだった。二人はスキーをすることをほぼ諦めていたが、稜線の東側の斜面が滑れるかもしれないと思い、稜線まで登ることにした。天気は快晴。スキーを背負った二人は、快調に稜線へと登った。

稜線まですべてアイゼンでの行動になった。アイゼンを着けてから、ときおり足が雪に沈むことはあったが、基本的にアイゼンの歯の部分が沈む程度の硬めの雪質だ。稜線に出た二人は、スキーができる斜面を探したが、どこにも新雪が積もっていなかった。滑降をあきらめるしかなかった。

上ホロ下降ルンゼ

稜線から西側、安政火口方面の下降ルンゼを覗き込むと、上部は急だがそれほど硬い斜面ではなく、エッジが外れることはなさそうだった。この下降ルンゼを使って下りることを決める。先に滑降準備を終えた宍倉が斜面に入る。二、三回ジャンプターンで下り、エッジが決まる雪質であることを確認した。斜面に入った場所の直下は崖になっていて、スキーで下りられそうにない。崖の左右に下りられそうなルートがあり、急斜面上を左右にトラバースしてそれぞれのルートを確認した。上から見て左側のルートは少し遠回りになるような気がしたので、次に右側のルートを見た。上から見て崖のすぐ右側がルンゼ状になっており、ルンゼの下り口まで斜面を二〇～三〇メートルほどトラバースし、ルンゼへ下りられそうなことを確認した。

宍倉がルンゼの下り口付近で、滑降準備を終える馬場を待っていた。馬場が稜線上に来て、お互いの姿が見えた。そのとき二人の距離はおよそ一〇メートル、標高差にして五メートルだった。

雪崩発生

十一時二十五分、宍倉が馬場に下りる斜面を指示し、キックターンで体の向きを変えようとした瞬間、二人の間の斜面に亀裂が入った。

流された瞬間を宍倉が証言する。

「斜度は四十度ほど、エッジがかろうじてかかるくらいの硬い斜面だった。足元のちょっと上でスパッと切れた。斜面が急だったのであっという間に転び、転がり落ちていった。雪煙が舞い上がり視界は全然ない。自分の頭が上なのか下なのかも分らないまま斜面を転がっていく。流されている時間は体感で十～二十秒ほど。相当な速さで流されているような気がした。何かをしようにも何もできない。雪にもみくちゃにされた。雪崩のスピードが遅くなったと感じた次の瞬間、体の上に雪がかぶさってくるのが分かる。しかし、どうすることもできない。最後まで、強い衝撃を感じることはなかった」

標高差一六八メートル、斜距離二八六メートル流された宍倉は雪崩に埋まった。

「止まったとき、どちらが上か下か分からなかった。どっち向きに埋まっているのかさえ分からなかった。真っ暗で体を動かそうとしてもぴくともしなかった。足首でさえぴくともしな

馬場は、埋没の可能性が高い〝黒い点〟をめざし、下降ルンゼ左岸側の尾根を走って下った（写真提供=會田圭治）

い。もがいてみるが、雪はびくともしない。雪が顔に密着している状態だったので呼吸する空間を作ろうと、息で口の前の雪を溶かそうとするが次第に息苦しくなる。意識がなくなることを予感した。

「呼吸が苦しい。ここで死ぬ……」

意識が遠のき、苦しんでいる時間はそんなに長くなかった。あっという間に意識を失った。


そして、馬場の呼びかけで目を覚ました。

「あーあ、死ななかったんだ」

馬場が見た雪崩発生の瞬間

稜線で雪崩発生の瞬間を見た馬場の証言だ。

「宍倉さんがいるな。私はこっちの斜度がゆるい方から下ろう」

そう思ったとき、二人の間に亀裂が〝ぴしっ〟と入った。雪崩の発生だ。その瞬間、「わっ」という声とともに宍倉が消えた。

亀裂からボロボロボロボロ、ブロック状の雪の塊が落ちていく。馬場の足元も崩れるので慌

事故から4日後、日本雪氷学会北海道支部雪氷災害調査チームが現地調査を行なった。破断面を見る宍倉優二（写真提供＝雪氷災害調査チーム）

てカニ歩きで稜線上まで逃げた。元いた場所の雪は、完全に落ちていた。

「まずい！　まずいなぁ……」

「（雪崩事故を）やってしまったか……」

稜線の上からだと、下降ルンゼの全容がまったく見えなかった。スキーを脱いで稜線上を「宍倉さん」と叫びながら歩き、下の様子を見ようとするが、覗き込めるポイントもなく、応答もない。見える範囲の稜線すべてに破断面があった。破断面の長さは一七〇メートルもあった。

馬場は、ぞっとした。馬場明日希、二十四歳、うろたえた。

十八分以内に助けるなんて絶対無理だ

馬場はちょっとの間、稜線上をうろうろとして気持ちを落ち着かせた。雪崩トランシーバー（アナログタイプ：オルトボックス f1focus）とシャベルを持っていたが、プローブはお金がなくて買えず持っていない。雪崩トランシーバーの捜索練習は、現役のときに毎冬やっていた。コロンビアでの二年間の生活があり、雪山から離れていた。しかも、このときはシーズン最初。練習をまだやっていなかった。そこにいるのは馬場一人。宍倉を捜索し、救助できるのは馬場

稜線直下に見えるのが、長さ170メートルにおよぶ破断面（写真提供＝會田圭治）

だけだ。

馬場一人による捜索が始まる。

まず、雪崩が流れた下降ルンゼを見る必要がある。稜線直下、見える範囲すべてに破断面が走っており、下降ルンゼは下りられないと判断した。滑落の危険を考えてアイゼンに履き替え、スキーを背負って下れるルートを探した。

下降ルンゼを見て馬場は唖然とした。

「デブリ範囲がでかい。これは絶対無理だ。十八分以内に助けるなんて絶対無理だ。(雪崩事故を)やってしまった……。私が埋まりたかったたな。宍倉が生きている確率は三パーセントくらいだろう」

〝生きている確率三パーセント〟は、なんの根拠もない。〝宍倉は死んだ〟と思いたくない馬場の気持ちが、〝三パーセント〟に滲んでいた。

下降ルンゼを埋め尽くすデブリを見た馬場は、途方にくれた。しかし、馬場は宍倉の生存救出を目指し、行動を開始する。

時計を見ると十一時二十七分。雪崩トランシーバーを受信モードに切り替えた。

斜面を下りていくと、デブリの末端付近に小さな黒い点が見えた。

ブロック状の雪が積み重なるデブリは歩きづらいと判断。捜索の基本を無視したことが好結果をもたらした（写真提供＝會田圭治）

「何かある」

残留物があると、それより斜面下方に人が埋まっている場合が多いと本で読んだ記憶があった。

「わかった。小さな黒い点まで一気に下りよう」

雪崩の走路はデブリの塊でガタガタ。走れない。走れないから下降に時間がかかる。一人での捜索なので上からデブリに入り、雪崩トランシーバーでくまなく探していたら時間がかかりすぎてしまう。宍倉が埋まっている可能性が高い、〝小さな黒い点〟から下を探すことにする。尾根（下降ルンゼの左岸側）の上なら走って下れる。馬場は尾根の上を走り、デブリ末端の黒い点を目指した。

黒い点は、雪面から出ているスキーの先端だった。すでに稜線直下ほぼすべてが破断しており、ルンゼ全体がデブリに埋まっているので大きな二次雪崩が起きることはないと考えた。デブリに入って捜索することにした。

宍倉の発見

スキーに近づくと雪崩トランシーバーがピーピーと鳴りはじめた。

「宍倉がいる！」

シャベルでスキー周辺を掘ると、スキー靴を着けたままの足が出た。宍倉発見だ。まず顔をと思い、周辺を掘ると手やウエストポーチが出た。掘る場所を変え、顔と思える場所を恐る恐るシャベルで掘り、顔を掘り出した。宍倉は頭を斜面下流に、足を斜面上流に向けて仰向けに埋まっているようだ。埋没の深さは五〇センチほどだった。目は開いていて灰色、充血していた。顔は紫色。口にカメラのストラップを咥えていた。顔色が悪く、呼びかけても応答がない。死んでいると思った。口の中に雪は入っていなかった。

さらに顔の周りを掘っていると、かすかに呼吸を始めた。宍倉が生き返った。

「生きている！」

雪崩発生からちょうど十五分後の十一時四十分、宍倉の生存が確認できた。馬場は十五分以内の生存救出を成し遂げた。

救助要請

死んだとしても生きていたとしても、馬場一人では宍倉を下ろせない。救助の要請を考える。安政火口付近は携帯電話圏内だということを知っていた。電源を入れると電波圏内の表示が出た。電話のバッテリーがもつか心配だったので、最初に話が通じる山スキー部の同期に電話するが出ない。二人目の同期にかけても出ない。次に一一九番通報する。十勝岳連峰から遠く離れた街の消防署に通じた。馬場がいる場所を伝えるため、上富良野岳と言っても十勝岳温泉と言っても話が通じなかった。富良野警察署からかけ直してもらうことになった。

低体温症

救助要請の電話をかけているうちに馬場は、気持ちが落ち着いてきた。宍倉の掘り出しを再開する。

宍倉は次第に大きな呼吸を始める。さらに掘り進めるうちに宍倉の目が大きく開き、呼びかけにかすかに応えるようになる。意識が戻ったのだ。

馬場は安堵し、うれしかった。

「呼吸が苦しい。ここで死ぬ……」

と思って意識を失った宍倉が、馬場の呼びかけで目を覚ました。

「あー、死ななかったんだ」

雪の中に横たわったままだと体は冷えるばかりだ。馬場は宍倉を雪の中から出したかった。

白い積雪層の下に見える黒っぽい層がしもざらめ雪、こしもざらめ雪の弱層だった（写真提供＝雪氷災害調査チーム）

低体温症のため宍倉は、一人では思うように体が動かず、馬場に支えられ、引っ張り上げてもらい立ち上がった。体が冷え切った宍倉は震えていた。震えが止まらない。体が接していた雪が溶け宍倉のアウタージャケットがびしょびしょに濡れているので脱がせ、馬場のジャケットと着替えさせようとした。

「寒い、やめて」

体が震え、ろれつが回っていなかったが宍倉が初めて発した声だった。

「濡れているから……、脱がせるから……、私のアウターを着て」

「うん」

体の震えが止まらないためテルモスのお湯を飲ませた。すると宍倉が、

「ぬるい」

と文句を言う。

非常用の固形燃料で雪を解かし、お湯を作った。熱いお湯を飲ませて加温し、レスキューシートでくるみ保温する。だんだん宍倉の意識がしっかりとしてきた。

「掘り出してくれたの？（帯広の）インディアンカレーを一年分おごるよ」

宍倉が埋没していたデブリ末端が陰りはじめた。日陰は寒く、低体温症の宍倉は耐えられな

標高1918メートルの雪崩破断面で積雪断面観察をするため雪を掘る。研究者がここまで登り、調査を行なった（写真提供＝雪氷災害調査チーム）

い。日向を求めて少しずつ、少しずつ下へ移動する。通報から九十分後に北海道警察航空隊のヘリが飛来した。宍倉、馬場、荷物の順に吊り上げられ、富良野市内の病院へ搬送された。

「救出場所で日が暮れてしまうと、寒くて宍倉さんはもたなかったと思う」

「ケガをしていなかったけど、自力下山は厳しかったんじゃないかな。馬場にあそこまでの能力がなかったら、ぼくは助かっていない」

馬場明日希による宍倉優二の生存救出

雪崩捜索救助（サーチ&レスキュー）はまさに人の命を救うために必要な知識であり能力だ。同行者、仲間による捜索救助を「コンパニオン・レスキュー」と呼ぶ。単独行であれば、同行者によるコンパニオン・レスキューはありえない。同行者がいたとしても、捜索救助のための装備、雪崩トランシーバー、シャベル、プローブを持っていなければ、コンパニオン・レスキューを行えない。馬場はプローブを持っていなかったが、雪崩トランシーバーで宍倉の埋没位置をピンポイントで特定でき、なおかつスキーが雪面に出ていたためにプローブを持参していなくても救助できた。

「馬場にあそこまでの能力がなかったら、ぼくは助かっていない」

酪農家になり足寄町山奥の農地と廃屋を買い取り、開拓者になった宍倉優二

宍倉の救助を成功させた馬場明日希。二児の母となり、家族で登山とスキーを楽しんでいる

宍倉と妻の里子。２人でチーズ工房開設をめざし、宍倉が廃屋を改修して自宅兼工房を建てた

宍倉が言うように捜索者である馬場の能力の高さが生存救出をもたらした。

馬場のすぐれた能力のひとつは冷静さだ。雪崩発生直後、馬場は驚愕し、うろたえ、冷静さを失っている。彼女は冷静さを取り戻すため、「稜線上をうろうろとした」と証言している。そして、うろうろしながら雪崩事故現場の観察を冷静に行なっている。地形の状況、雪崩の走路、デブリの状況、目視できる〝黒い点〟。「走って速く黒い点へ行く」という決断を下し、下降ルートを決めた。

雪崩捜索の常識にとらわれ、雪崩走路に堆積したデブリの上を歩き、デブリ末端に向けて雪崩トランシーバーで捜索していたら、雪崩発生から十五分後に宍倉を生存救出することはできなかっただろう。

〝冷静さ〟、〝観察力〟、常識にとらわれない〝柔軟な発想〟を身につけていたのだ。そして馬場の〝決断力〟だ。日高山脈のカールを滑降するという山行は、難易度が高い。難易度が高い山行を経験していくうちに決断力を備えていったにちがいない。青年海外協力隊隊員としてコロンビアに暮らしているあいだに、南米の山々を登っている。南米の山々で冷静さ、観察力、決断力を磨いていったはずだ。

北大山スキー部は一九九一年、日本で初めて組織として雪崩トランシーバーを導入した。当然、雪崩トランシーバーの捜索救助訓練を行ない、経験を積み重ねていく。繰り返し行なう訓練によって捜索能力は高まり、短時間で埋没者を発見救出できるようになる。宍倉と馬場、二人の立場が逆になり、宍倉が捜索したとしても馬場を生存救出できたと思う。

低体温症になった宍倉の回復を早めたのは、固形燃料で湧かしたお湯だ。固形燃料だけでなく、金属製の食器がなければ雪から水を作り、お湯を沸かすことはできない。

防寒着やレスキューシートなど、低体温症になった雪崩埋没者を救助するために必要な装備を持っていたことも生存救出につながっている。

〝冷静さ〟、〝観察力〟、〝柔軟な発想〟、〝決断力〟、〝装備〟をとくにあげておきたい。コンパニオン・レスキューが成功した理由はまだほかにもある。それを二人の証言から読み解いてほしい。

馬場が消防へ通報したとき、

「一人で宍倉を掘っていたので疲れました。休憩をしたくて通報しました。通報を終えたら元気になり、宍倉さんの全身を掘り出せました」

馬場明日希の告白である。

十勝連峰・上ホロ化物岩の雪崩事故

2007年11月23日

雪崩トランシーバー携行の有無が生死を分けた事例

化物岩雪崩の発生

二〇〇七年十一月二十三日午前三時半、北海道大学ワンダーフォーゲル部OB二名と北大山岳部の勝亦浩希《かつまたひろき》ら二名、計四名は車で札幌市内を出発。午前七時三十分、十勝岳温泉駐車場に到着した。四人そろって十勝岳温泉登山口からスキーで歩きはじめ、Zポイントまでいっしょに行動した。Zポイントから勝亦ら山岳部員二名は、八ツ手岩登攀のために安政火口へと登っていった。

一方、北大ワンダーフォーゲル部OBの小森匠真（仮名、25歳）と権田陽平（仮名、22歳）

は、化物岩《ばけものいわ》左ルートを登攀するため、スキー、ストックをZポイント付近にデポし、化物岩基部へ向かった。二人は、冬山のバリエーションルートの登攀技術習得を目的にしていた。九時十分、化物岩左ルート基部に到着。一時間二十分ほどで左ルートの登攀を終了した。

北海道は一週間ほど寒気が流入し続け、冬型の気圧配置が続いていた。二十日から二十一日にかけて前線を伴う低気圧が通過、九八〇ヘクトパスカルにまで発達した。そのため二十二日、上ホロカメットク山周辺は大雪となり、五〇センチの雪が積もった。下降ルンゼ雪崩事故が発生した十一月十三日から、十日間で積雪深が約一メートル増えていた。

その日の天気は曇り、時どき雪が降っていた。視界は標高が低い場所で約一〇〇メートル、上部で二〇〜三〇メートル、風は弱く三〜五メートル／秒。

化物岩左ルートの登攀を終え、D尾根に出ると積雪が少なくなり、ハイマツが出ている場所もあった。D尾根を上方へ向かって移動、十二時過ぎに化物岩の東側にある下降尾根の上部に着いた。

二人は下降尾根の上部に吹きだまりが発達し、雪崩の危険が高いと判断した。そのため八ツ手岩方向へ間隔をあけて移動した。

先頭の小森が斜面を十歩ほど進むと、雪面が沈むように動き出した。

十一月二十三日十二時十三分、標高一六三〇メートル付近、北向き斜面で雪崩発生。流される途中、二回ほど岩に衝突して空中に放り出され、一瞬、雪崩から体が出た。すぐに雪崩の中に沈み、暗闇に包まれた。雪崩の動きが止まると、遠くで雪がギュー、ギューと音を立てながら押し寄せてくるのが分かった。雪の音が聞こえなくなると、呼吸が苦しくなった。

「このまま死ぬのか。こんなとき何を考えた方がいいのか」

と思っていると、小森は意識を失った。

標高一六三〇メートル付近で発生した雪崩は標高差約一九〇メートルを流れ落ち、ヌッカクシ富良野川の谷底を埋めた。

札幌中央勤労者山岳会の九名

初冬、とくに勤労感謝の祝日である十一月二十三日ころ、上ホロカメットク山周辺は冬山訓練を行なう登山者で賑わう。標高が高く、雪が早く積もり、斜面、雪稜、岩稜など初心者から上級者までの冬山訓練に適している。しかも標高一四〇〇メートルまで車で行け、訓練山域に短時間でたどり着ける。二〇〇七年は二十三日、二十四日、二十五日が三連休になっていた。

札幌中央勤労者山岳会（以下、中央労山）の九名パーティが一泊二日の冬山訓練のため、Z

三段山から望む化物岩（画面中央手前）。上ホロカメットク山から西に延びるD尾根上にある（写真提供＝三浦康）

破断面の調査に向かう創設直後の雪氷災害調査チーム。右に見えているのが化物岩（写真提供＝雪氷災害調査チーム）

ポイント付近に来たのは、十一月二十三日八時三十五分。毎年、このあたりの沢筋にテントを設営し、訓練を行なっている。多くの山岳会がテントを設営する場所で、例年、テント村ができ上がる。

沢筋が大規模なデブリで埋まっていたため、高橋学察《まなみ》（37歳）は異変を認識した。

「雪崩が来ないといわれている場所だが、今日は雪崩が来るもしれない」

リーダーの殿平《とのひら》厚彦に意見を伝えた。

「沢の様子がいつもと違うから、テントを張る場所を変えませんか」

殿平が同意し、右岸側の一段高く、雪崩の恐れがない傾斜地にテントを二張り設営した。

増田徹（46歳）は夏に足を骨折し、リハビリ中だった。増田がテントに残り、八名が三段山側の斜面でアイゼン歩行、滑落停止、確保などの訓練のために出発した。天気は悪く、風速五〜一〇メートル／秒、吹雪。視界二〇〜三〇メートル。

いつ発生した雪崩のデブリなのか

中央労山の九名が見た雪崩のデブリ。いつ発生したのか考えてみたい。

二十三日、化物岩の下、Zポイントを最初に通過したのは勝亦ら二名よりも先行していた別の北大山岳部の二名パーティだ。

午前五時五十分、十勝岳温泉登山口を出発。先行者のトレースはなく、膝上から腿にかかる深いラッセルだった。遊歩道からヌッカクシ富良野川へ下り、化物岩の下を通過したがデブリはなかった。安政火口にスキーをデポ。D尾根に登って八ツ手岩に取り付いている。

七時五十分、北大ワンゲルOB小森、権田といっしょに十勝岳温泉登山口を出発した北大山岳部の勝亦浩希ら二名は、出発するとき、準備をしている中央労山パーティを見ている。先行していた別の北大山岳部パーティのラッセル跡を使って歩き、化物岩を登攀する小森、権田と別れ、安政火口へ向かった。このとき沢筋にデブリがあった。ふだんは岩が出ている沢筋が雪に埋まり、歩きやすかった。デブリが新しいものだという印象はなかった。北西稜を登り上ホロカメットク山に登る予定だったが、取付に着くと視界が悪く、ルート状況も悪かった。雪崩リスクが高いと判断し、下山した。北大山岳部ではヌッカクシ富良野川の沢筋は、化物岩周辺で発生する雪崩の危険が高いことが伝承されており、沢中を通過しないという。勝亦らは下山のとき、右岸の一段高い斜面を通過している。

勝亦が見たデブリと中央労山パーティ、後述の日本山岳会北海道支部パーティが見たデブリは、同じなのだろうか。中央労山パーティが見たデブリは、「いつもテント場として使用する谷筋は、下部（下流）から大規模なデブリに覆われている異常な状態で、非常に驚かされた」と報告されている。

一方、北大山岳部の勝亦は、デブリを見て異常さを感じることがなく、驚いていない。新しいデブリとも感じていない。デブリに対する感覚の違いなのか。しかし勝亦らは、中央労山パーティとほぼ同時刻七時五十分に十勝岳温泉を出発している。勝亦が通過後に雪崩が発生しているなら、後続の中央労山パーティが雪崩の音を聞き、雪煙を見ていた可能性がある。しかし、彼らは音を聞いていないし、雪煙も見ていない。ただし、音を発しない程度、規模がそれほど大きくない雪崩の可能性がある。視界が悪くて雪煙が見えなかった可能性もある。

Zポイントを過ぎ、ヌッカクシ富良野川の沢筋に到着した時間は、十分の違いが生じている。八時二十五分、勝亦らが中央労山パーティより十分早く到着。八時三十五分、十分遅れて中央労山パーティが到着、デブリを確認した。

この十分間に、雪崩が発生した可能性を否定できない。

そして、約三時間半あとにデブリを見た日本山岳会北海道支部（以下、北海道支部）パーティの感想、交わされた言葉がある。

「新しいデブリの跡だよね」

「足元が締まって小岩が転がったデブリに出た」
「右手上の岩の雪が流れており、足元のデブリに気がつき、〝最近のデブリの跡だね〟と前後の人と話した」

全員デブリの存在に気がつき、新しさに気がついた者もいた。

どちらにしても二十三日の化物岩周辺は、自然発生の雪崩が起きる可能性が高くきわめて積雪状態が不安定だったと考えられる。しかし、デブリを見て危険と判断し、引き返したパーティは一つもなかった。

日本山岳会北海道支部の雪上訓練

北海道支部は、二〇〇二年から上ホロカメットク山周辺で勤労感謝の祝日を利用し、一泊二日の雪上訓練山行を行なっている。北海道支部は支部山行を増やすという方針を掲げ、支部山行を月一回実施、飛躍的に増やしていた。支部会員の冬山技術向上のため、研修を行なうという方針も掲げていた。

二〇〇七年の雪上訓練は十一月二十三日、二十四日の二日間で計画された。宿泊は山麓にある上富良十勝岳観光協会運営の白銀荘。雪上訓練の目的を「初心に帰り雪上訓練を行なう」と定め、参加する会員を募り、男性九名、女性三名の十二名パーティが編成された。リーダーとサブリーダーは決めていたが、参加者が最終確定したのは入山当日だ。初日、二十三日にラッセル、アイゼン歩行、滑落停止、ピッケル制動の訓練。二十四日は、訓練の成果を生かす技術レベルが異なる四つのルートを想定してメンバーを分け、上ホロカメットク山と十勝岳に登頂する計画だった。

歩行装備はスキーもしくはスノーシュー。十一名がスキー、一名がスノーシューだった。個人装備として雪崩トランシーバー、シャベル、プローブの雪崩対策装備が指定されておらず、雪崩トランシーバーを携行した者は四名しかいなかった。しかも、誰が雪崩トランシーバーを持っているのか確認が行なわれず、出発時に正常な発信・受信を確認する雪崩トランシーバーチェックも行なわれていない。

山行前日、二十二日に白銀荘に宿泊したのはリーダーとサブリーダー、メンバー二名の計四名。八名は当日朝、午前十時十分に十勝岳温泉登山口に到着。十二名全員が集合した。

出発前、リーダーが注意事項を説明した。

①初冬の寒さに慣れること、雪に慣れることに重点を置く。

②十一月十三日、十日前に上ホロカメットク山下降ルンゼで雪崩事故が発生しており、無理をしない。
③日没が早いので、十四時三十分〜十五時ころに下山する。

午前十時五十四分、計画よりほぼ一時間遅れて北海道支部の十二名が十勝岳温泉登山口を出発した。天気は小雪、気温氷点下六度C、視界約三〇〇メートル、無風。出発して三十分、スノーシューのメンバーがスキーのスピードに付いていて歩けず下山。残る十一名が、遊歩道をたどってZポイントを目指して登っていった。

十一時五十五分、遊歩道の終点、ヌッカクシ富良野川右岸標高一四一〇メートルにスキーをデポ。川底に下りると、ラッセルを五十歩で交代して安政火口へ向かって進むことを決めた。最初にリーダーが先頭に立ちラッセル、最後尾に古参会員がついた。十一名の隊列の長さは、およそ二〇メートル。リーダーがラッセルをメンバーに代わり、少し進むとデブリが現れた。デブリは硬く締まり、小石が転がっていた。ラッセルは膝下くらいあり、先行パーティのトレースが所々に見えていた。二番目のメンバーが五十歩のラッセルをしたので次のメンバーと先頭を交代、最後尾についた。そのとき、リーダーと古参会員の会話が聞こえてきた。

「デブリが出てきた。視界もよくないので無理はできない」

メンバー全員、デブリの上を歩いていることに気がついている。

「新しいデブリの跡だよね」

「最近の雪崩の跡だね」

十一名は化物岩の岩壁直下にいた。岩の上を雪が流れている。

リーダーは次の雪崩が発生するまで時間があると思った。あと三〇メートル進むとデブリをもたらした雪崩が発生した北斜面を右手に見ることができる。リーダーは北斜面の状況を見てから、訓練続行か中止か判断しようと考えていた。

ラッセルを交代するため先頭に二人が並んだとき、進行方向右側上部で爆音がした。十二時十三分、雪崩の直撃を受け、十一名全員が埋没した。

爆音と爆風

中央労山パーティのキャンプサイトに増田徹が一人残っていた。

訓練を終えて帰ってくる仲間に温かな飲み物を飲ませたくて雪を溶かし、水を作っていた。

十二時十三分、ゴッ、ゴッ、ゴッ、ゴッと地鳴りが聞こえた。その直後、ドーンと爆音が聞こえ、テントは爆風の直撃を受けた。

「ドーンと音がして爆風が下流からきた。テントが持ち上げられるような感じだった。テントがグニャーッと大きくゆがみ、次に反発で揺り戻され、またグニャーッとゆがんだ。テントの中の空気が動いているので体が煽られ、ふわーっと浮き上がる感じがした。バシャバシャと音を立てて雪粒が降ってきてテントを叩いた」

音はすぐにやんだ。増田は近くで雪崩が発生したと判断。雪崩トランシーバーとシャベルを持ってテントを飛び出した。しかし、一人で雪崩れた直後のデブリに踏み込むのは危険と考え、行動を起こすことを躊躇した。

八名が爆音を聞いたのは訓練を終え、下降を始めたときだった。どこで爆音がしたのか分からないが、吹雪とは違う雪煙が流れてきた。雪崩ではないか。まったく視界がなく、爆音がした場所を確認することができなかった。

テントの外に出てきたばかりの増田に、下りてきた八名が出会った。視界は三〇メートルほどしかない。十二時二十分、テントサイト下流五〇メートル付近、視界がないヌッカクシ富良野川から声が聞こえた。

「おーい、生きているかー」

視界が悪く状況が見えない。リーダーの殿平と増田、高橋が状況を確認するため声がする下流へ向かった。

殿平、増田、高橋は目を疑った。二名の女性の下半身がデブリに埋まり、男性三、四名が掘り出そうとしていた。一人が殿平たちに気づき、立ち上がって叫んだ。

「助けてくれ！　手伝ってくれ！」

テントサイトに残っていた六名を呼び寄せた。殿平が雪崩トランシーバーを送信から受信に切り替え、シャベルとプローブを準備、アイゼンを脱ぐよう全員に指示を出した。中央労山九名の救助活動、コンパニオン・レスキューが開始された。

自力脱出した三名の証言

雪崩の直撃を受け、北海道支部パーティ十一名全員が埋没した。五〇センチほどの深さに埋まった三名が自力脱出していた。

十一名のうち生存したのは七名。生存者たちの雪崩の直撃を受けたときの証言を北海道支部「上ホロカメットク山雪崩遭難事故調査報告書」から引用する。時刻は自力脱出および救出された時間とその順番。十一名の隊列の位置を記載している。

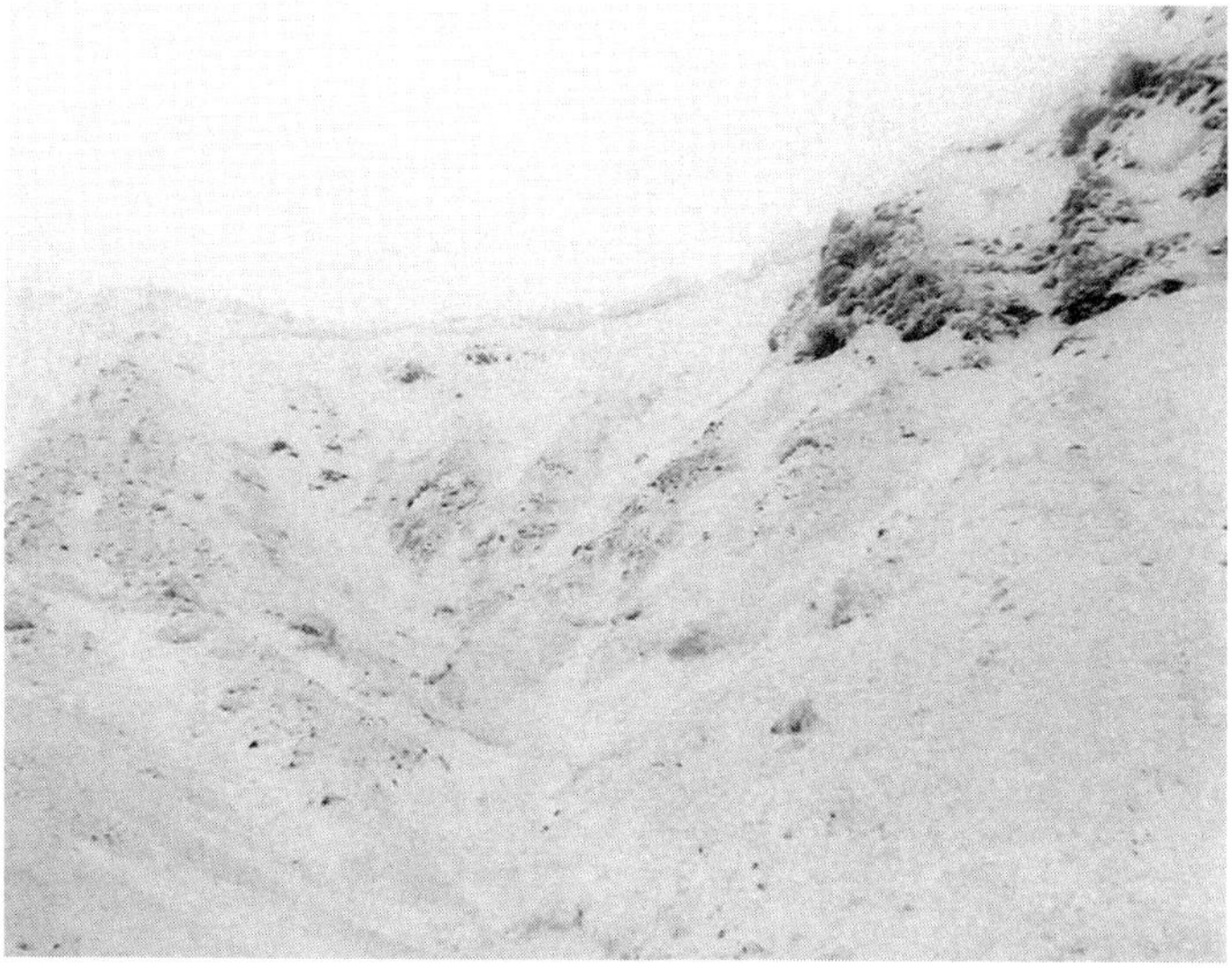

11月23日、下降ルンゼと同じ弱層が破断した。破断面の長さ70メートル 、厚さ70～80センチ（写真提供＝中央労山）

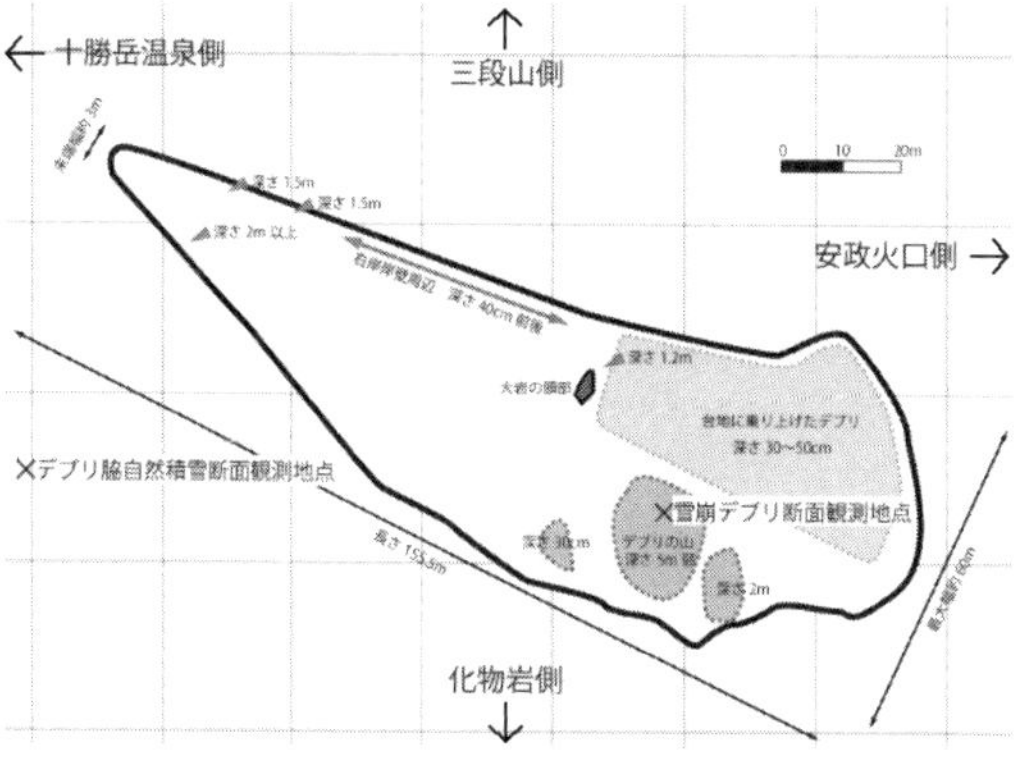

自力脱出した三名の証言である。

「12時18分　リーダー、最初に自力脱出（男性）。列前から九番目（後から三番目）」

「ドーンという鈍い音がして空を見上げると、あられ状の雪が降り、数秒後には空が見えなくなり、体が飛ばされた。雪に包まれた状態で四〜六回、前転。雪崩だと判断し、気道確保をする体勢を取り、体をくの字の状態に保った。両腕は脇をしっかり締め、両手で顔面を覆った。そのため呼吸は楽にできた。うつ伏せで頭が斜面下流側を向いた状態で止まった。両手、両足を突っ張ると体が動き、デブリから脱出できた」

「12時19分　メンバー、二番目に自力脱出（男性）。十一人の最後尾」

「誰かが雪崩だと叫んだ。上から雪がザァーというかバァーというか、落ちてきた。あっという間に足元がすくわれ滑っていった。一瞬の出来事で体が止まった。左手は顔を覆っていて手のひらは鼻と口のところにあり、顔は胸の方に曲げ考え事をしているような体勢だった。口、鼻元の雪を広げようとして左手を動かしたら肘が動いた。腕を上に伸ばしたら雪の上に突き出た」

「12時20分　古参会員、三番目に自力脱出（男性）。列前から十番目、後ろから二番目、雪崩トランシーバー携行」

「何気なく上を見ていると頭上から雪崩が落ちてくるのがわかり、〝雪崩だ〟と叫んで後ろ向きになり、体をかがめた。逃げる余裕もなく、とっさに雪崩に背を向け身構えることしかできなかった。すごい衝撃で、あっという間に埋まり、流され、真っ暗闇の世界に取り残された。真っ暗闇になる前、一瞬、薄明るくなったあたりをめがけ、雪が締まる前に必死に両手と体を動かした」

以上が自力脱出できた三名の証言だ。

「体が宙を飛んだ」救助された四名の証言

以下は、自力脱出できた仲間と中央労山の九名に救助された四名の証言だ。

「12時20分　メンバー、最初に救助（男性）。列前から四番目」

「先頭が二番目の人に道を譲り、二人がほぼ並んだ瞬間、後頭部、両肩、ザックの上部に〝ガン！〟という強い圧力を受けた。その後は覚えていない。体の前方から押されたのではない。背中からでもない。体は前を向いていたが、一瞬、身を守るために体を反転あるいは後ろ向きにしたのだとしか考えられない。上から飛ぶように落ちてきた雪に身構えて後ろ向きになり、肩に雪崩が当たり、飛ばされたと思う」

「12時21分　メンバー、二番目に救助（男性）。列前から八番目」

「下を向いて歩いていると突然目の前に雪煙が見えた。それは爆風とともにやってきて、瞬間にドーンというもの凄い音が響きわたり、体は宙に舞い上がった。一瞬にして雪崩だと思い、

化物岩雪崩 現場概略図
雪崩発生 12:13
上ホロカメットク山(上流)
厚さ：70〜80cm
幅：約70m
台地に乗り上げたデブリ：
深さ30〜50cm
デブリの山：深さ2m
12:35 北大WVOB
(中)
(大)
(小)
雪崩
雪崩
雪崩
デブリの山：
深さ5m弱
雪崩斜面
傾斜：40度
沿面距離：約350m
標高差：約195m
大岩の頭
デブリの山：30cm
化物岩
デブリの長さ：約160m
1 10 14:08 仰向け(死亡)
2 11 翌日 うつ伏せ(死亡)
7 7 12:25 うつ伏せ
6 8 12:40 うつ伏せ(死亡)
11 2 12:19 うつ伏せ(自力脱出)
8 5 12:21 やや右横臥
3 9 12:52 上半身のみ埋没(死亡)
10 3 12:20 うつ伏せ(自力脱出)
5 6 12:25 やや右横臥(重傷)
9 1 12:18 うつ伏せ(自力脱出)
4 4 12:20 うつ伏せ
三段山
深さ2m以上
十勝岳(下流)
末端幅：約3m
雪崩トランシーバーあり
重傷
無傷・軽傷
死亡
1 ……日本山岳会北海道支部パーティの歩行順
1 00:00…自力脱出及び救助された順番と時間
出典元：日本山岳会事故報告書（埋没者状況：札幌中央勤労者山岳会報告書参照）、デブリ状況およびGPS位置情報は社団法人日本雪氷学会北海道支部雪氷災害調査チーム報告書すぐさま左手のストックを離し、左手で鼻と口を覆った。三本指のオーバー手袋は、覆うのに都合が良かった。まわりの空間は薄暗かったが、上方が明るくなり、〝しめた！〞と思ったが、次の瞬間、雪がまた覆った。と同時に雪面に落下した。先ほどの感覚から、それほど深い雪の中に埋もれたのではないと思った。呼吸のための気道は確保した。左手を雪面から出したもののほかはすっぽり雪の下となり、すでに体を動かすこともできなくなっていた。体を覆っている雪は、コンクリートのように重かった」

雪崩の衝撃で体が宙を飛ぶ。凄まじい雪崩の力だった。

「12時25分　メンバー、三番目に救助（女性）。列前から五番目、重傷」

「デブリに気がつき〝最近の雪崩の跡だね〞と話した直後……、気がついたら何も見えず、口のまわりだけで息ができた。ヘルメットの隙間で口のまわりに空間ができたのかもしれない。手と足を動かしてもビクともしない。二十〜三十分以内に発見されなければ、このまま低体温症で終わりかもしれない。何分経ったかわからないけど、シャベルの音と人の声が聞こえてきた」

「12時25分　メンバー、四番目に救助（女性）。列前から七番目」

「右上部からさらりと新雪が舞ってきたと思ったら、新雪ではない雪がザーッと落ちてきた。雪崩だと気がつく間もなく、いっそう激しくドーッと重い雪が落ちてきた。気がつくとざらめ雪より細かい雪に全身が埋まっていた。口、鼻のまわりは雪がびっしりで、少し大きく呼吸しようとすると苦しい。左手をぐっと伸ばすと手首まで雪面に出た。息をしたいので、口、鼻のまわりの雪を掘ってみたが、掘れない。疲れ、苦しくなるのでやめたとき、人の気配を感じて手を振った」

「ざらめ雪より細かい雪」とは、下降ルンゼ雪崩事故の原因となった弱層「しもざらめ雪」にちがいない。北海道支部の十一名を埋めた雪崩は、積雪の深い部分にあった「しもざらめ雪」の弱層が破断して発生したのだ。

人の下に人が埋まっていた

増田が下半身が埋まっていた女性を救出していると、下にもう一人埋まっていた。人の下に人が埋まっているとは、想像もしていなかった。非常にショックだったという。

「下に埋まっている人は、上の女性の下半身の下に体があったので、一メートルもの深さには埋まっていなかった。いちばん浅いところで三〇センチ。うつ伏せ状態だった。気道を確保するため、頭の方から掘り起こした。これが頭だろうと思って掘り起こしたら、背負っているザックが頭に被さっていた。ザックの重みで頭が下に沈んでいるような状態。なんとか頭を掘り出せると考えて掘り出したのに、あーっ、まだだ。顔を傷つけてはいけないと思い、手で掘りました。呼吸をしていないことは、掘りながら確認できた。早く掘り起こさなくてはという焦りがあるから、一生懸命掘りました。掘り起こしたとき、鼻の穴とか口の中は雪でふさがっていませんでした」

周囲の人たちから、

「上（上流）にも埋没者がいる」

「下（下流）にも埋没者がいる」

と声が上がる。埋没者が多い大規模な雪崩事故であることが分かってきた。

この女性の頭を掘り出せた段階で手があいた人たちは、ほかの行方不明者の捜索に向かった。

増田たちは十分ほどで頭を掘り出し、次は全身を掘り出した。埋まっていた場所のすぐ横に

11月23日、自動復帰する雪崩トランシーバーの存在が、捜索を混乱させたが、不明者はあと1名。ラインプロービングが行なわれた（写真提供＝中央労山）

マットを敷き、防寒着を被せて保温。中央労山のテントが近くにあったが、女性を運ぶ人手が足りなかった。意識がなく、看護師のメンバーが頸動脈を触っても脈を確認できなかった。顔は、まだ赤みを帯びていた。

「生きている可能性がある」

増田と看護師の女性が人工呼吸と心臓マッサージを開始した。雪崩発生から、三十分ほど経過していた。

一時間、心臓マッサージを続けても、呼吸も意識も回復することはなかった。救命を断念した。この女性の救助に集中していた増田は、先に救助した女性を保護するという意識がなかった。はっとした。最初に救助した女性は雪の上に座らせたままだ。そのため、女性が低体温症になりかけていた。急いでこの女性をテントに収容した。

増田は救助した二人目の女性を助けられなかったことが、非常に悔しかった。増田は語る。

「雪崩事故現場にいる者の責務として躊躇なく、できることはなんでもやろうという覚悟で臨みました」

増田は雪崩トランシーバー、シャベル、プローブを携え、まだ発見されていない不明者の捜索に加わった。

行方不明者の人数

増田といっしょに女性の救出を行なっていた高橋学察《まなみ》。十二時四十分、下に埋まっていた女性の救出が終わると、雪崩トランシーバーでの捜索を始めた。

殿平が日本山岳会北海道支部パーティのリーダーに行方不明の人数を尋ねた。

「何人か分からない」

「全員が雪崩トランシーバーを持っていますか？」

「分からない」

この段階で自力脱出したのは三名、救助されたのは四名で七名が救助現場にいた。つまり、十一名のうち四名が行方不明だ。七名の中で雪崩トランシーバーを持っていたのは二名。デブリに埋まっているのは四名。この四名のうち誰が雪崩トランシーバーを持っているのか、持っていないのかが分からない。そして化物岩左ルートの登攀を終え、下降中に雪崩を誘発した北大ワンゲルの小森。合計五名がデブリの中に埋まっている。北海道支部パーティの人たちも中央労山の人たちも、北大ワンゲルOB小森の存在を知らない。小森ら二人は、雪崩トランシーバーを携行していた。

殿平は救助の現場では、全体の状況、人の動きを見る人間、マネージメントを行なう人間が必要だと考えている。このとき、殿平は〝マネージャー〟に徹していた。

殿平、高橋ら七名と日本山岳会の二名がデブリの堆積が多い下流に移動し、雪崩トランシーバーによる捜索を開始しようとした。ところが北海道支部パーティのメンバー一名が、当時最新だったデジタル雪崩トランシーバーを発信から受信に切り替えることができない。操作方法を教え、受信に切り替え捜索が始まった。しかし、捜索は非常に混乱した。発信信号の数が多かったからだ。

そこへ雪崩が発生した北斜面から、北大ワンゲルOB権田が下りてきた。

「上にも人が埋まっているんです！」

殿平ら三名がデブリ上流へ移動。雪崩トランシーバーの信号を捉え、プローブで埋没位置を確認。深さ一・五メートルに埋没していたワンゲルOB小森を救出した。低体温症になっていたが、ふらふらと自力で歩くことができた。権田が付き添い、中央労山のテントに収容した。

雪崩トランシーバーの自動復帰機能による混乱

高橋の雪崩トランシーバー（アナログ）が、行方不明者の雪崩トランシーバーの信号を捉え

11月23日、雪崩トランシーバーで発見したが、深さ3メートルに埋没していたため、位置特定と掘り出しに難航した（写真提供＝中央労山）

11月23日、残る1名の捜索を断念し、日が暮れるころ、重傷者を十勝岳温泉へ搬送。捜索救助に参加した人たちは全員、ベストを尽くした（写真提供＝中央労山）

ていた。埋没位置を特定できそうで特定できなかった。受信信号の反応が安定しないのだ。高橋は雪崩トランシーバーが壊れているのではないかと疑った。ほかの二人が雪崩トランシーバー（デジタル）で捜索するが、やはり埋没位置を特定できない。

当時、登場したばかりのデジタル雪崩トランシーバーに自動復帰モード機能が付いている機種があった。送信から受信に切り替え、一定時間を過ぎると自動的に発信に切り替わるという機能だ。二次雪崩による被害を防止するための機能だ。

発信に切り替わったことに気がつかず、動き回る人がいる。そのため埋没位置が特定できないのではないか。送信を止めるよう叫ぶと、全員が送信を停止していると答えた。だが、北海道支部パーティのメンバーに自動復帰機能のことを知らない人がいるのではないか。中央労山のメンバーが、発信状態の人を見つけた。

「この人が発信になっています」

十二時五十五分ころまで、自動復帰機能による捜索の混乱が続いた。

さらにコンパニオン・レスキューに参加

十二時五十分、Zポイントから沢筋を登ってきた札幌山の会の十三名がデブリ末端に近づく

雪崩トランシーバーを着けていない不明者の捜索が事故翌日に行なわれた。道警、自衛隊、山仲間ら180名が参加した（写真提供＝雪氷災害調査チーム）

と、倒れている人を発見した。ヌッカクシ富良野川を埋めたデブリの長さは約一六〇メートル。デブリ末端は狭く幅三メートル。倒れている人は男性、うつ伏せで上半身が雪に埋まり、両足が雪面上に出ていた。すぐに顔を掘り出し、頸動脈を触るが脈はない。体には、まだ温もりがあった。十三名の中に看護師が二人いた。デブリから離れた下流にテントを設営して収容し、看護師二人が人工呼吸と心臓マッサージを始めた。

この男性は雪崩に襲われたとき、十一人の列の四番目、先頭集団にいた。列五番目以降の七人はデブリ中間付近に集中して埋没している。前から四番目にいたこの男性だけが、デブリ末端付近まで流されていた。

北海道支部パーティのリーダーが下りてきて、メンバー一人の発見を知る。札幌山の会のリーダーに二人を掘り出し中で一人が行方不明と説明、警察への通報を依頼した。数人の携帯電話で繋がったのは一台だけだった。雪崩発生からおよそ五十分、ようやく警察に雪崩事故の発生を通報できた。

行方不明者はあと二名。雪崩トランシーバーを着けていないことがわかり、発見された男性の上流から札幌山の会の十名が一列に並び、ラインプロービング捜索を開始した。二次雪崩を警戒するため、右岸の一段高い場所に見張り一名を置いた。

札幌山の会十三名のほか、登攀を終え下山してきた千歳市の四名パーティが十四時ころ、救助に加わった。化物岩雪崩事故のコンパニオン・レスキューに参加したのは、中央労山パーティ九名、札幌山の会十三名、千歳市パーティ四名の合計二十六名。二十六名は全員が雪崩トランシーバー、プローブ、シャベルを持っていて、それぞれの団体は捜索救助訓練を毎冬実施していた。

埋没深三メートル、三人目の救出

混乱の果てに高橋の雪崩トランシーバー（アナログ）で突き止めた埋没位置。殿平の雪崩トランシーバー（デジタル）が最小の二メートルを示した。そこを少し掘り下げると一・八メートルを示した。それでもまだ埋没可能性範囲が広すぎる。四人が並び、プローブで捜索すると明らかに岩でないものに当たった。プローブを刺したままにして、掘り出しを開始。掘っても掘っても人が出てこない。高橋は疑心暗鬼になった。

「ほんとうに人が埋まっているのか」

掘りはじめてから三十分、赤いヘルメットが現れた。呼びかけても反応がない。頸動脈に触っても脈を感じなかった。ほぼ立ったままのような体勢で斜め下方向に埋まっていた。雪を掘ると、その人の顔にかかる。高橋は北海道支部のメンバーに、雪が顔にかからないようにしながら、励ましの声をかけ続けるよう頼んだ。

十四時八分、深さ三メートルに埋没していた男性が救出され、テントで心肺蘇生が開始された。この人の掘り出しにほぼ一時間を要している。残された行方不明者はあと一名。雪崩トランシーバーを携行していないという。中央労山のメンバーが、デブリ範囲内に雪崩トランシーバーの信号がないことを確認した。

捜索の打ち切り

デブリ末端から二十名で開始されたラインプロービング。十五時を過ぎても最後の一人を発見できない。しかも救助した七名のなかに歩けない重症の女性が一名いた。

この日の捜索打ち切りが、各パーティのリーダーたちにより決定された。発見された三名は、雪崩事故現場付近に設営されたテントに運ばれ安置された。札幌山の会パーティがスキーでソリを作り、重症の女性を搬送。中央労山パーティはその夜、彼らのテントに泊まり、化物岩雪崩事故現場の傍らで一夜を過ごした。

化物岩雪崩事故は、雪崩トランシーバーの威力を北海道の登山者に認識させた。深さ一・五

事故翌日、4人目の不明者が自衛隊員によって搬送された。死亡した4名は、ほぼ即死だったという（写真提供＝雪氷災害調査チーム）

メートルに埋没していた北大ワンゲルＯＢ小森の生存救出を可能にしたのは、雪崩トランシーバーだ。その近くで一・五メートルの深さに埋没していた四人目の死者は雪崩トランシーバーを着けていなかったため、翌日、一二〇名を動員したプローブ捜索で発見収容された。

死亡した四人は富良野警察署で検視を受け、死因は四名全員が窒息死だった。即死状態だったことが付言されている。

化物岩雪崩事故の教訓

北海道十勝岳連峰・上ホロカメットク山周辺において二〇〇七年十一月十三日と二十三日に連続して雪崩事故が発生した。同一山域の異なる斜面で十日の間隔をおいて発生した雪崩は、同一の弱層が原因だった。弱層は「しもざらめ雪」。長期間にわたり存在する危険な弱層だった。

下降ルンゼ雪崩事故の原因となった弱層の雪質が、「しもざらめ雪」であることを突き止めたのは、発足したばかりの日本雪氷学会北海道支部の「雪氷災害調査チーム」だった。社会貢献事業としての「雪氷災害調査チーム」の、私は代表に就任していた。二〇〇七年は、十一月二十三日の勤労感謝の日をはさみ三連休となっていた。多くの登山者が上ホロカメットク山周辺に冬山訓練のために入山することが予想され、「雪氷災害調査チーム」として道内の登山者、

Zポイント下降地付近から望む化物岩。左奥が上ホロカメットク山（写真提供＝阿部夕香）

山スキーヤーに対し、注意喚起の警告を発した。しかし、警告は届かなかった。雪崩事故を防ぎ、雪崩による死者をなくすための社会貢献活動、「雪氷災害調査チーム」の認知度がまだ低かったからだ。雪崩事故を防げなかったことが、私は残念でならなかった。

十一月十三日に発生した下降ルンゼ雪崩事故の二名は、学生時代から雪崩トランシーバーを携行し、雪崩捜索救助訓練を積み重ねていた。そのため、同行者によるコンパニオン・レスキューによって生存救出に成功した。

化物岩雪崩事故を誘発した北大ワンダーフォーゲル部OBは雪崩トランシーバーを携行していたため、中央労山パーティによって生存救出された。ワンダーフォーゲル部も山スキー部と同じく一九九一年から、雪崩トランシーバーを導入している。

一方、化物岩雪崩事故の遭難パーティ十一名のうち、雪崩トランシーバーを携行していたのは四名。雪崩対策装備が不十分で捜索救助訓練も不十分。コンパニオン・レスキューを行なえなかった。周辺に居合わせ捜索救助に加わった登山者二十六名は、全員が雪崩トランシーバー、シャベル、プローブを携行し、捜索救助訓練を積み重ねていた。しかし、四名が死亡した。

なぜこのような状況になったのだろうか。

日本山岳会北海道支部が上ホロカメットク山周辺で雪上訓練を開始したのは二〇〇二年十一

証言する高橋学察。中央労山、雪崩事故防止研究会会員、第56次日本南極地域観測隊フィールドアシスタント

できることは何でもやろうという覚悟で救助に臨んだ増田徹。中央労山会員

月。支部山行を増やす、会員を増やすという方針を掲げ、会員の冬山技術向上が目的だった。雪崩事故防止研究会が雪崩トランシーバー普及の活動を始めたころ、〝ベテラン登山家〟たちにしばしばこんなことを言われた。

「今まで冬山を登ってきたが、雪崩事故に遭わなかった。だから雪崩トランシーバーは必要ない」

「雪崩に埋まったら助かるわけがない。雪崩トランシーバーを持っていても意味がない」

北海道支部の古参会員の雪崩トランシーバーに対する考えは、どのようなものだったのだろうか。

北海道では、一九九一年から十年間で一気に雪崩トランシーバーの普及が進んだ。統計的な数字の裏付けはないものの、二〇〇〇年代前半になると北海道内の山岳団体に所属する登山者に雪崩トランシーバーはほぼ一〇〇パーセント普及していたと思う。雪崩トランシーバーを持っていないのは、団体に所属しない登山者、さほど本格的な登山を行なわない登山者、初心者などで、ごく少数になっていた。

自分の経験、技量に自信を持っている登山者ほど保守的な傾向が強い。そのため新しい装備を受け入れようとしない。新しい考え方を受け入れようとしない。

二〇〇二年から冬山訓練を開始した日本山岳会北海道支部の古参会員は、雪崩トランシーバーを冬山に必要な装備だと考えていない。新たに入会した登山者は、初心者ゆえに雪崩トランシーバーの重要性を認識していなかったはずだ。その結果、十一名のうち七名が雪崩トランシーバーを持っていないという結果になったと思う。

上ホロカメットク山化物岩雪崩事故は四名が死亡するという規模の大きさから、北海道の登山界に衝撃を与えた。四名以上が亡くなる雪崩事故が発生したのは、一九七二年以来、三十五年ぶりのことだった。三月の積丹岳雪崩事故でスノーモービル愛好家四名が死亡。やはり雪崩トランシーバーを持っていなかった。連続して起きた四名死亡の雪崩事故。

とくに化物岩雪崩事故の場合、雪崩トランシーバー携帯の有無が生死を分けた。その結果、雪崩トランシーバー、シャベル、プローブの必要性が認識されて普及が進み、雪崩捜索救助訓練の重要性が認識されて活発に訓練が行なわれるようになった。

今、〝内地〟の登山者、山スキーヤーの雪崩トランシーバーに対する意識は、北海道の二〇〇七年の状況に似ている。雪崩トランシーバーだけでなく、シャベル、プローブの雪崩対策装備の普及が強く望まれる。

雪崩発生のメカニズム①

しもざらめ雪の雪崩分析

解説＝尾関俊浩

十一月十三日、下降ルンゼ雪崩の発生区での積雪観測

十一月十三日と二十三日に十勝岳山域で発生した雪崩について、日本雪氷学会北海道支部が組織している「雪氷災害調査チーム」が積雪調査を実施した。

まず十三日に下降ルンゼで発生した雪崩については、雪崩発生から四日後の十七日に稜線直下の破断面で積雪調査を行なった。図①は積雪層構造の断面写真である。調査地点の斜度は約三十度で、積雪の厚さは七五センチあり、破断面の厚さは四四センチであった。

この雪崩の滑り面に相当する図①の二九〜三一センチの層は、こしもざらめ雪を主体として骸晶(しもざらめ雪)を含むもろい弱層であった。それ以外の雪質、積雪表層の厚さ二センチはいわゆる「エビのシッポ」であり、過冷却水滴が凍結したものと考えられる。三四〜七三センチ層はきわめて一様な風成雪であり、ハードスラブを形成していた。三二〜三四センチ層は比較的軟らかいこしまり雪層であり、三一〜三二センチ層は厚さ五ミリ程度の薄い氷板が存在した。滑り面より下の一一〜二九センチ層はこしもざらめ雪・しもざらめ雪で構成される「硬しもざらめ雪」であり、結晶同士が緻密に連結しているため、しもざらめ雪にもかかわらず硬かった。〇〜一一センチ層は分

厚い氷板であった。

十一月二十三日、化物岩雪崩の積雪観測

化物岩で発生した雪崩の積雪調査は、雪崩発生から二日後の十一月二十五日に行なわれた。二十五日は視界不良であり、また雪崩走路周辺に不安定な積雪が確認されたことから、破断面での積雪調査の実施を見送った。発生区の調査は十二月十一日に行なわれた。

デブリの積雪調査は埋没者を掘り出したピットを用いて行なわれ、デブリの厚さは約五メートルあった。なお、埋没者は深さ約三メートルの位置で発見された。雪質は最下層五センチにしもざらめ雪の層が見られたが、それ以外はすべてしまり雪であった。このしまり雪の層がデブリであったと考えられる。積雪水量は一平方メートル当たり二〇八〇kg、全層の平均密度は一立方メートル当たり四四〇kgであった。これはこの時期に自然積雪で一般に観測される密度よりも大きかった。

十二月十一日に発生区で行なった破断面の調査では、稜線から六〇メートルほど下った支尾根の脇に、この日まで残っていた破断面でシャベルコンプレッションテストを行なった。コンプレッションテストでは、肘から先で二回目に弱層が潰れる感じで破断した。斜面に垂直に測った積雪の厚さは約一〇〇センチであり、弱層は雪面から約八〇センチの深さで観察された（図②）。十一月二十四日に堆積区から撮影した写真と発生直後の発生区の積雪状態の証言から推定される滑り面の深さとの照合より、化物岩の雪崩はこの弱層の破断によって発生したものと考えられた。雪粒子の観察より、この弱層は粒径一〜二ミリのしもざらめ雪からなる層であったことが分かった。

十一月二十五日の調査では、デブリと同じ程度の標高で、発生区と同様の北向き斜面を用いて積雪調査を行なった。当該斜面の斜度は十五度であり、発生区に比べて緩い斜面である。この周辺の積雪状況は、まったく吹き払われているところから、一〇〇センチを超える所まで場所により積雪深に変動があった。調査は積雪深の深い場所を選んで行なった。

結果を図③に示す。コンプレッションテストの結果、弱層は雪面から八センチ（新雪）、二〇センチ（新雪）、六〇センチ（こしもざらめ雪・こしまり雪）、最下層にあたる一一〇センチ付近（こしもざらめ雪・ざらめ雪）に見られた。せん断強度（シアーフレームインデックス、ＳＦＩ）は雪面から八センチで一平方メートル当たり六〇〇Ｎ、二〇センチで三五〇Ｎ、六〇センチで九三〇Ｎ強、一一〇センチで一〇〇〇〜一二〇〇Ｎ程度と小さかった。観測地点は斜度十五度と緩斜面であるにもかかわらず、もっとも小さな斜面安定度（スタビリティ・インデックス、ＳＩ）は表層から一一〇センチの層（こしもざらめ雪・ざらめ雪）の一・五程度と計算され、一・五は雪崩発生の日安となることから、不安定な状態であった。

表層付近で弱層を形成する「こしもざらめ雪」の形成メカニズム

大規模な雪崩につながる破壊層、すなわち〝弱層〟の雪質として一般に観察されるものには霜結晶系（こしもざらめ雪、しもざらめ雪、表面霜＝雪面に成長した霜）、降雪結晶系（広幅六花などの雲粒の付いていない板状結晶、アラレ）と、ぬれざらめ雪がある。いずれも斜面方向の強度（せん断破壊強度）が弱い層構造をしており、上層と下層とを連結させる力が弱いという特徴がある。

図① 上ホロカメットク山下降ルンゼ雪崩の破断面観測写真（11月17日）（写真提供＝雪氷災害調査チーム）

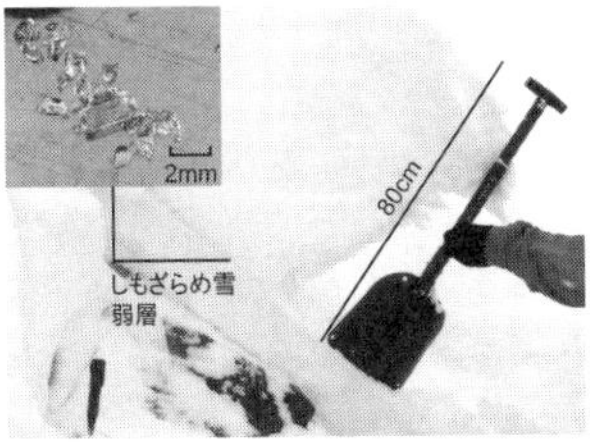

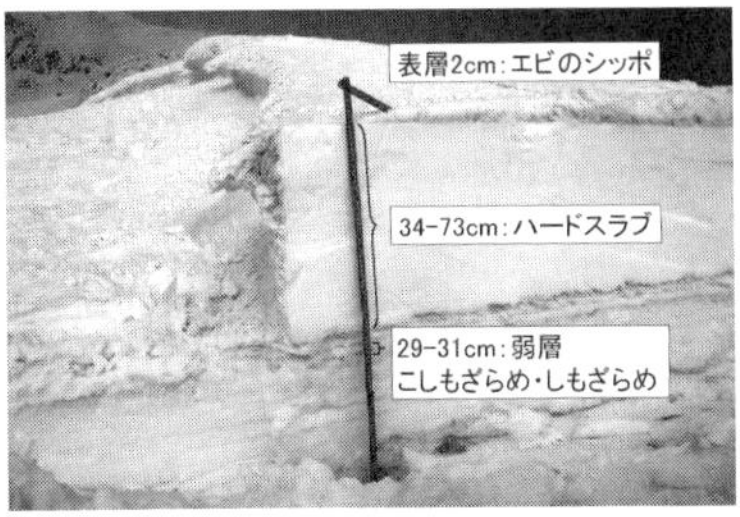

図② 上ホロカメットク山化物岩雪崩の破断面観測写真（12月11日）（写真提供＝雪氷災害調査チーム）

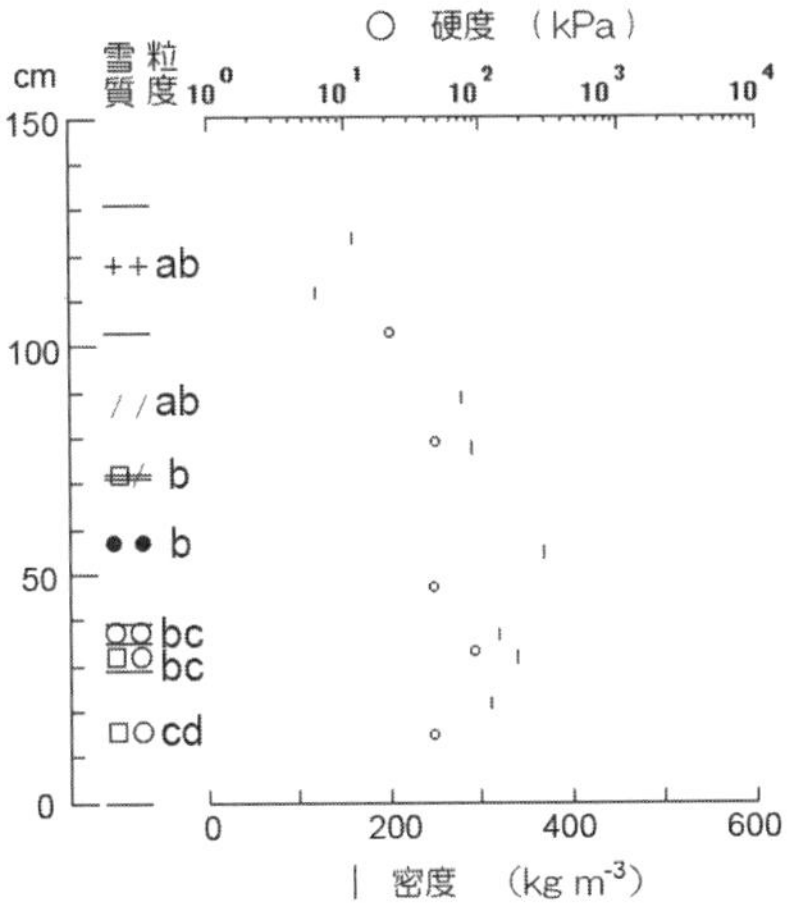

図③ 上ホロカメットク山化物岩雪崩のデブリ脇北斜面の自然積雪における積雪断面観測（11月25日）。＋：新雪、／：こしまり雪、□：こしもざらめ雪、●：しまり雪、○：ざらめ雪。a：～0.5、b：0.5～1、c：1～2、d：2～4 mm（1）

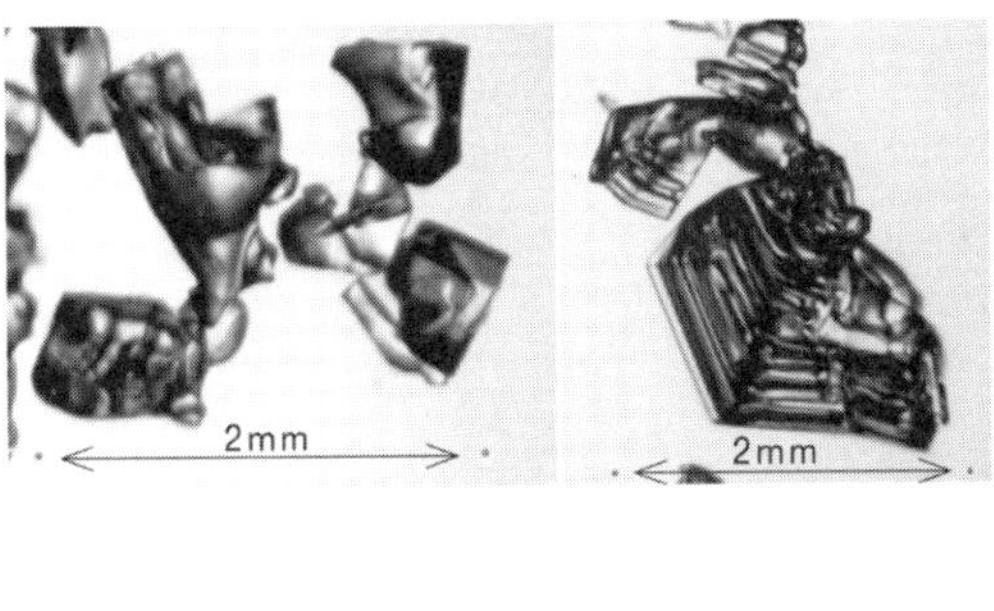

図④ こしもざらめ雪としもざらめ雪の結晶写真。左：こしもざらめ雪。きれいな面や角のある形が特徴で、粒は大きくない。右：しもざらめ雪。きれいな面と階段状の模様が特徴で、粒が大きい。『増補改訂版雪崩教本』（2）より

またこれらの雪質は雪粒子一～数個の層でも十分に弱層として働くので、数ミリにも満たない薄い層が大規模な崩落の原因となることがある。すなわち、斜面の安定度を評価するには、積雪の断面構造に関する情報を得ることがとても大切になる。ここではこしもざらめ雪・しもざらめ雪の形成メカニズムを取り上げる。

北海道の太平洋側や大陸では積雪深が浅いことが多く、大気はときにマイナス二十度を下回るほど寒いため、積雪の上下方向に大きな温度差ができる。大きな温度差は大きな水蒸気圧差があると同じことなので、雪粒の間で水蒸気の輸送（昇華蒸発・凝結）が起きて、元の雪粒が霜の結晶へと置き換わる。変化が始まった段階が「こしもざらめ雪」（図④左）であり、よく変化した段階が「しもざらめ雪」（図④右）だ。しもざらめ化が進むと雪の質感はサラサラになり、もろくなる。山岳域では初冬の積雪が薄い時期に発達することがあり、それが後になって雪崩の弱層となることが稀にあるので注意が必要である。この積雪の底に発達するしもざらめ雪が雪崩の発生に弱層として働くことは昔からよく知られていた。しかし、表層雪崩の弱層として最も働くのは表層付近で形成されるこしもざらめ雪・しもざらめ雪であることが近年分かってきた（3）。「こしもざらめ雪・しもざらめ雪」は日本の表層雪崩では最も観測される弱層なのである。

雪面直下に一センチ当たり一℃を超える大きな温度勾配が生じると、一晩で表層付近にこしもざらめ雪の弱層が形成されることがある（4）。雪面から一～数センチの雪が日射で融解（内部融解という。ゼロ℃）した場合は、夜の放射冷却で雪面の温度がマイナス一〇℃以下にまで急速に下がると、一センチあまりの表層に一〇℃以上の温度差が生じることがあり、急激なしもざらめ化の原

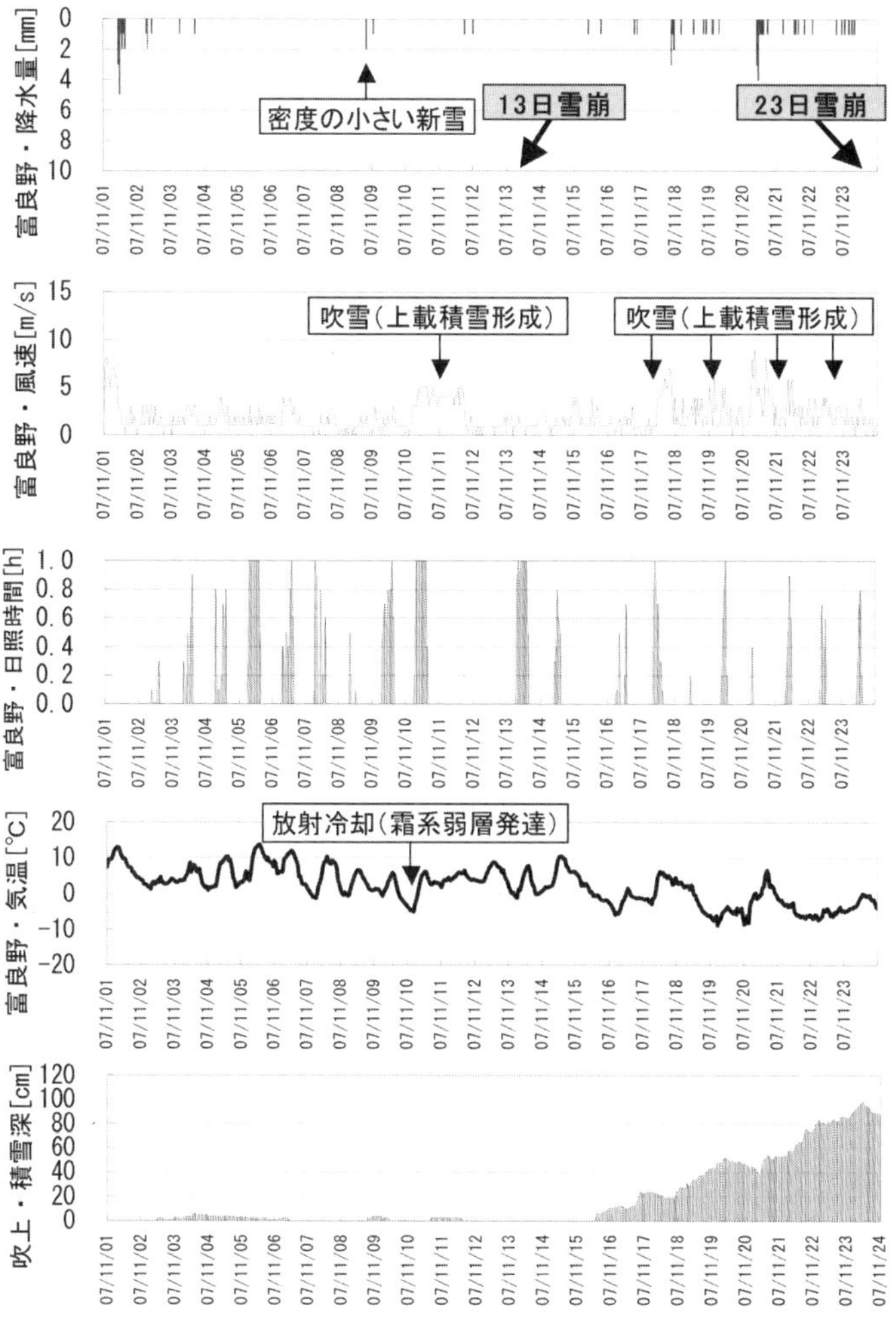

図⑤　周辺気象時系列データ(2007年11月1日～23日)。尾関ら(2008)(1)を一部改変

因になっている。

上ホロカメットク山付近でこしもざらめ雪が発達した気象条件

相次いで発生した雪崩はともに、こしもざらめ雪やしもざらめ雪からなる弱層が滑り面となったことが確認された。積雪の中間層に発達したしもざらめ雪系の弱層が見られる場合には、その層が表面付近にあったときの気象条件がその形成に関わっている。

図⑤は十一月一日から二十三日の富良野アメダス（上ホロカメットク山より日本海側、標高一七四メートル）における降水量、風速、日照時間、気温データと、上ホロカメットク山山頂から西北西に約三・五キロの標高一〇二〇メートルに位置する旭川土木現業所吹上テレメータ積雪深データを時系列で示したものである。平均的な気温減率〇・六℃／一〇〇メートルから考えると、標高一八一九メートル付近の十三日雪崩発生区と標高一六三〇メートル付近の二十三日雪崩発生区では、富良野に比べ九℃前後気温が低かったと推定される。

富良野アメダス気象データを見ると、八日夜に三ミリの降水があり、気温から考えると、一八〇〇メートル付近では降雪であったと推定される。吹上テレメータでも四センチの積雪を記録していることがわかる。九日午後から十日早朝にかけては風速が弱く、気温は一定の速度で低下していることから、強い放射冷却があったことが分かる。九日日中に、八日夜に積もった新雪層の温度が上昇し、九日の夜に放射冷却で表層から急激に冷やされることにより、十勝岳連峰一帯に降ったこの新雪はこしもざらめ雪に変化し、この層が弱層を形成したと推定される。さらに、富良野アメダス日照時間データにより、九日日中は日射があったことがわかる。九日の午後に日射が直接当たる西斜面の十三日雪崩発生区では、八日夜に積もった新雪層が日射で内部昇温していたと推定される。この結果、九日夜の放射冷却により、日射が直接当たらない北斜面よりも温度勾配がより大きくなって、西斜面の十三日雪崩発生区では、しもざらめ雪の形成がさらに急速に進んだと考えられる。この八日から十日の気象条件以降、十一月十三日と二十三日の雪崩の弱層となったしもざらめ雪の発達は考えにくいため、これらのしもざらめ雪系の弱層は、八日から十日に十勝岳連峰一帯で形成されていたものと思われる。

一方、十一月十三日の下降ルンゼの雪崩の上載積雪は、気象庁解析雨量データや高層気象データからすると、十一日の夜に南東からもたらされた降雪が、十二日朝に非常に強い東風によって風下に吹き溜まったものと推定される（図⑤）。十一月二十三日の化物岩の雪崩では、十五日から二十三日にかけて低気圧の通過と、その後の強い冬型となったことから、図⑤の吹上テレメータの積雪深データが表しているように多量の積雪増加が見られ、これが発生区の北斜面に上載積雪を形成したと推定される。

大山・別山沢の雪崩事故

2016年2月28日

油断から雪崩を誘発、自力脱出した事例

冬だけ友だち

野沢人史（49歳、岡山県在住）と愛称〝いのさん〟、伊藤祈《いのる》（46歳、兵庫県在住）は、〝冬だけ友だち〟の関係という。

「〝冬だけ友だち〟って、それなんですか?」

初めて聞いた〝冬だけ友だち〟という言葉。伊藤が説明してくれた。

冬が始まるころ、この十年、毎年繰り返されている妻の萌黄《もえぎ》さんとの会話だ。

「そろそろ電話がかかってくるんじゃない」

そして大山《だいせん》（一七二九メートル）に雪が降ると、野沢から電話がかかってくる。

「そろそろだね」

「いのさん、明日はどこへ行く？」

次の日、野沢と伊藤は大山へバックカントリースキーに出かける。バックカントリースキーを楽しむ冬の間だけの友人関係。それが〝冬だけ友だち〟。こんな関係が十年続いている。

野沢と伊藤が〝冬だけ友だち〟の関係になり、いっしょにバックカントリースキーを楽しむ理由は、「一人では危ない」からだ。バックカントリースキーでお互いの安全を確保するため、「冬だけ友だち」になっている。

高速道路を使えば、二人が暮らす瀬戸内海に面した兵庫県の街からも岡山県の街からも、二時間半ほどで鳥取県の大山の登山口に到着できる。大山は、四国からも大阪からも九州からも日帰り圏内。西日本で雪が積もっている山、スキーができる山として貴重な存在だ。

大山は中国地方の最高峰で成層火山。その山容から、雪が積もればスキーが楽しめる山になる。最近、雪が降った後の好天の週末はバックカントリースキーヤーが列をなして登り、滑降を楽しむようになった。

大山の夏道登山道のそれぞれの合目から、滑る斜面を選ぶことができる。六合沢は初心者向き。七合沢、八合沢、別山沢、弥山沢へと少しずつ難易度を上げていく。大山山頂にいちばん近い弥山沢は、強風が吹き、吹きだまりが発達する。強風で雪が飛ばされ、雪があまり積もらない斜面も生じる。そして、いつも雪崩の危険性が高い。気象条件に合わせ、滑れる〝ゲレンデ〟を選ぶことができる。それが大山の魅力といえるだろう。

しかし二十年前は、大山でスキー滑降する登山者はまれな存在だった。大山のバックカントリースキーブームを創出した功労者、それが野沢だ。野沢はフェイスブックやツイッター（現、X）など、SNSが登場する前の二〇〇二年からブログで大山のバックカントリースキーの情報発信を行なっている。野沢の投稿から、大山でスキーを楽しめることが告知され、コースが紹介され、滑る目的の登山者が増えていった。バックカントリースキーヤーのみならず、登山者たちまでもが列をなして登る人気を創出した功労者なのだ。

そのため野沢は、大山の〝超有名人〟になった。〝おちゃめで面白いおじさん〟とみんなは思っている。初めて出会った人たちに声をかけられても気さくにお喋りに応じ、記念写真を求められれば気軽に応じ、そしてスキーがうまい。

二〇一六年二月二十七日、野沢から伊藤に電話がかかってきた。

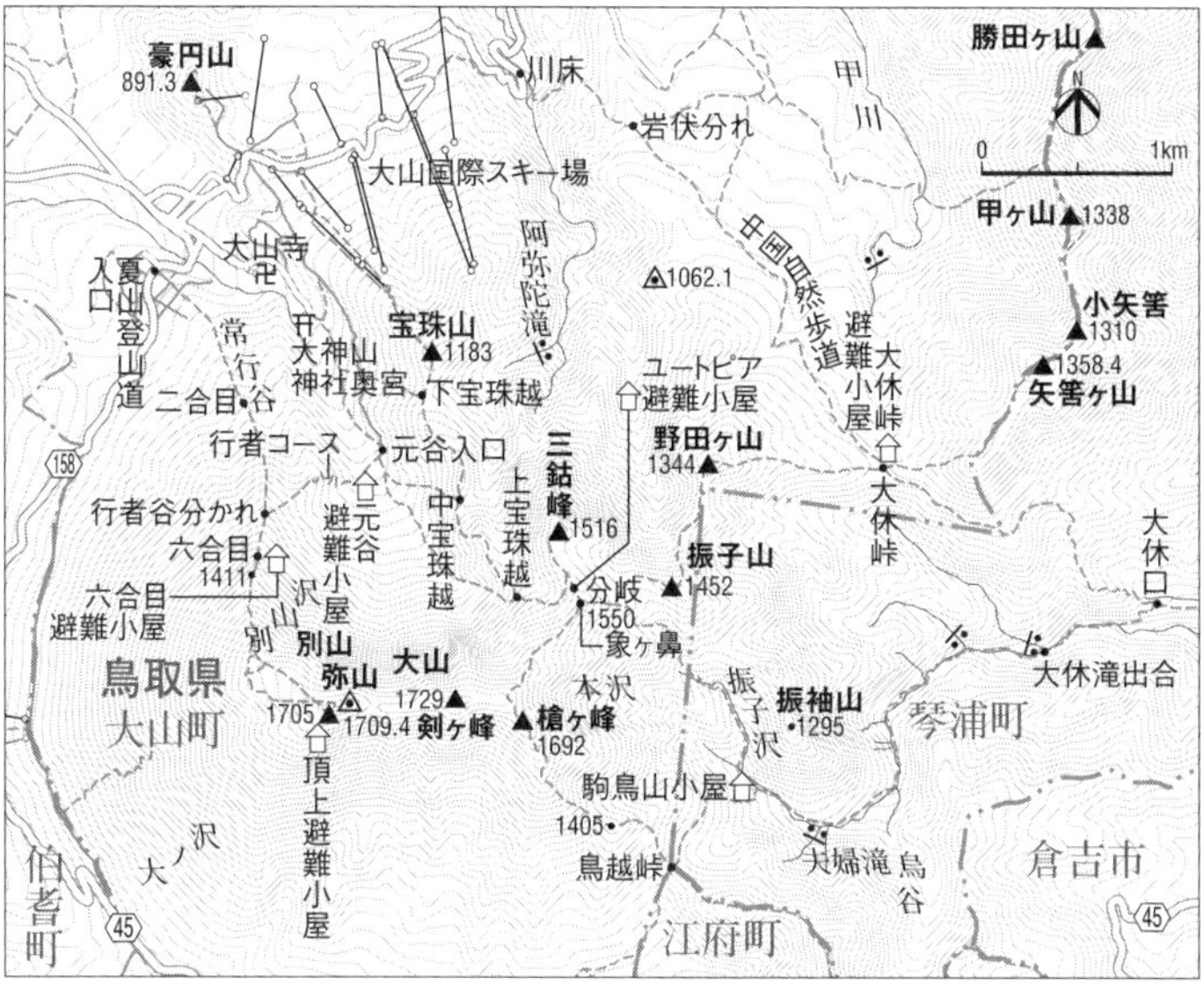

大山北壁概念図

大山遭難防止協会から転載

「明日、どこに行く？」

二十八日、二人は大山夏道登山道から登りはじめた。天気は晴れ時どき曇り。登山口の駐車場には雪がなかった。この日も登山者が列をなして登り、大変な賑わいだった。標高一五〇〇メートル付近の八合目あたりから風速一〇メートルほどの風が吹き、寒くなった。山頂手前に建つ弥山小屋の気温は零度C。雪が融ける温度だった。積雪は一〇〇センチほど。厚さ一〇センチ程度の積雪層が表面近くに二つあり、〝板状の雪崩〟が起きてもおかしくないと二人は考えていた。野沢はいつものように登りながら、ストックで雪を突つき、手でほじくったりしながら〝ハンドテスト〟、積雪の安定度をチェックしていた。手で掘れるのはせいぜい深さ一メートルまでだ。

「雪を掘ると、たいてい雪崩の危険度の見当がつきます」

野沢も伊藤も二人は、雪崩の危険予知に自信を持っている。

〝湿雪パウダー〟雪崩

〝大山のパウダー〟と呼ばれる雪は「湿雪」。降った瞬間は軽いが、すぐに重くなるという。

野沢や伊藤は〝湿雪パウダー〟と名づけている。大山特有の雪質に〝ビーズ状の雪〟がある。

稜線から別山沢源頭を滑るスキーヤー。北斜面に吹きだまりが発達することが分かる（写真提供＝野沢人史）

直径三ミリほどの丸い粒で軽く、息を吹くと飛ぶ。膝くらいまでの深さに〝ビーズ状の雪〟が積もることがある。この雪は結合が悪く、踏みしめるとぬかってしまい登ることができないという。日本海に面した標高一七二九メートルの独立峰である大山。独特の雪が降るという。

伊藤が最初に別山沢に滑り込んだ。野沢も続いた。一五〇メートルほど滑降し、二人は集まった。若干、積雪の不安定さを感じたので、伊藤が雪を掘ってみた。雪面から二〇センチから四〇センチ下に硬い雪の層があった。さらにその下は、〝もなか〟のように軟らかな雪だった。一気に雪の層が落ちる感じではなかった。斜面に真っすぐ入って滑れば大丈夫だろうと判断した。

しかし野沢が躊躇した。

「(雪が) 気落ち悪い。やめようや」

二本目の滑降をしないと決め、稜線まで登り返した。

別山沢源頭の高みになった稜線から、広島県在住の知り合い二人が滑降を開始した。一〇〇メートルほど滑ったところで止まり、しきりと野沢と伊藤を手招きする。「(滑降を) やめようや」と二人は話をしていたのだが、最初に伊藤が二本目を滑り出した。

〝気持ち悪い雪〟だったので、スキーヤーズライト (滑走の右側雪面) の小さな尾根に上がり

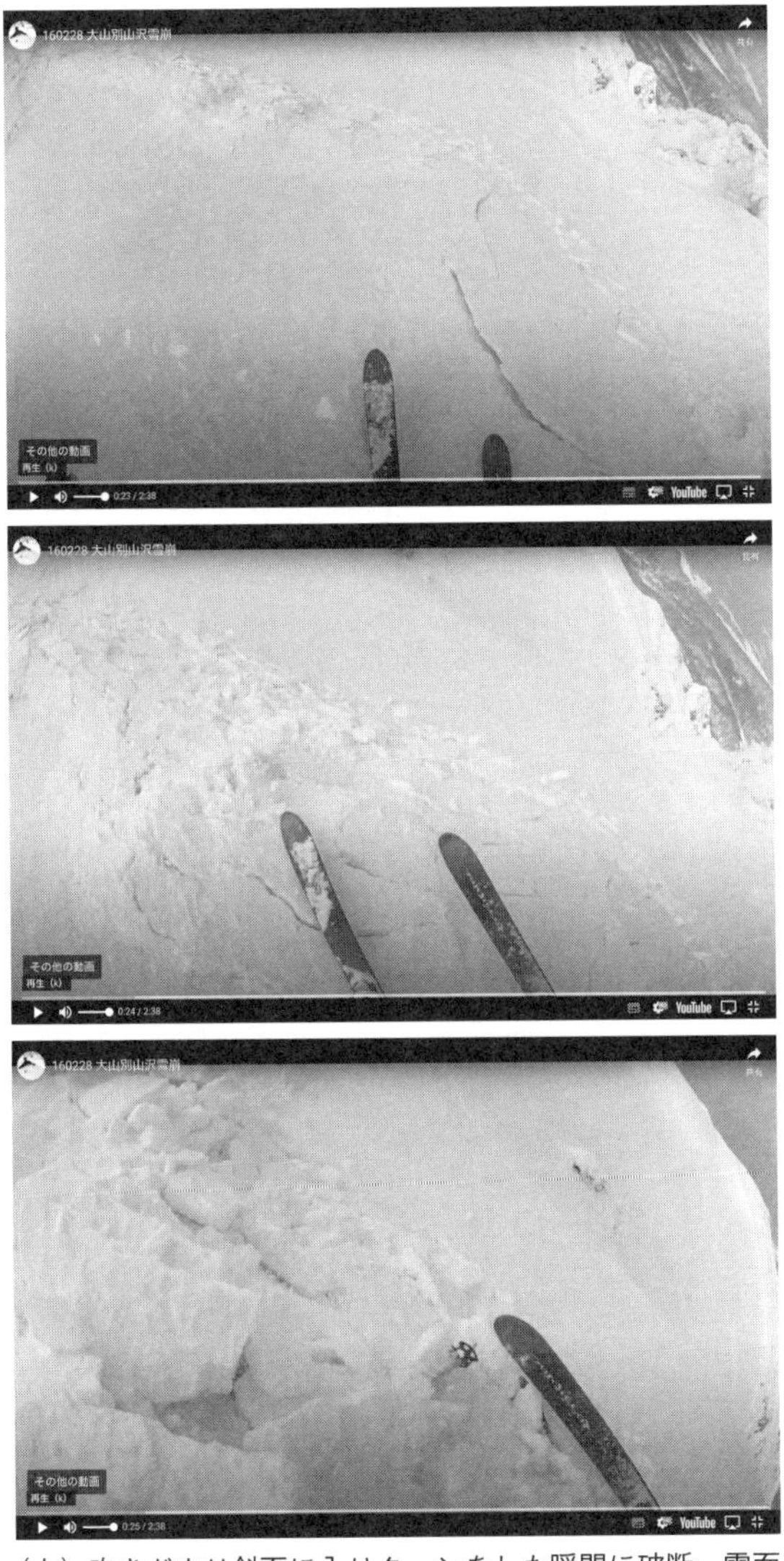

（上）吹きだまり斜面に入りターンをした瞬間に破断、雪面が下方にずれ亀裂が広がっていく
（中）雪面が粉々に割れ、板状に崩れていく
（下）立っていられなくなり転倒した

（映像提供＝野沢人史）

野沢を待った。別の二人連れ、スノーボーダーとスキーヤーが続いて滑降した。野沢が滑降する前に別山沢源頭に七本のシュプールが刻まれた。広島県在住のスキーヤーは、また手招きして「おいでや。おいでや」と野沢を誘っていた。

野沢はスキーで階段登高をして稜線のいちばん高い所まで登った。六名が滑降した七本のシュプールに荒らされた別山沢源頭。シュプールが刻まれていないのは右岸側の斜面、野沢が今から滑り出そうとしている斜面だった。その斜面には、吹きだまりが発達していた。

「不安定な雪は上層の二〇センチ。二〇センチの厚みなら、雪崩れてもたいしたことがない」

野沢は、雪崩を甘く見てしまった。

吹きだまり斜面を滑り出し、右へターンした瞬間、真下の斜面に亀裂が入り、瞬時に伝播していく。崩れた上部からの雪に押され、雪面全体が下方に崩れ、破断面が四、五センチ浮き上がった。またたく間に雪面が粉々に割れた。

「あっ、雪崩れた！」

さらに野沢の一〇メートルほど下方斜面も破断した。野沢が転倒する。雪崩が発生して七秒後、野沢の全身が雪の中に埋まってしまう。真っ暗闇の中を流されていく。雪崩に全身が埋まったのはわずか二秒間。二秒後には全身が雪崩の表面に浮かび上がった。このとき、すでに右

雪崩は2つの弱層が破断して発生した。稜線直下の判断面の厚さは1メートルを超えていた（写真提供＝伊藤祈）

足のスキーが外れていた。両足を下流に向け、仰向けの状態で流れていく。

「(雪崩を)やったぁ」

野沢が流されながら叫んだ。デブリはほとんどがテニスボールほどの大きさの丸い塊。大きな板状の塊も流れていく。丸い塊、板状の雪は非常に多くの水分を含む湿雪だった。野沢は無意識だったが、必死に体を左へ反転させた。デブリから脱出、止まった。雪崩は野沢の横をどろどろと泥流のようにゆっくり流れていった。

「やべー!」

「やったなぁ……、やったなぁ」

狼狽した野沢が声を上げた。

〝冬だけ友だち〟の目撃証言

滑りはじめた瞬間、野沢が変な声を上げ、姿が消えた。

「こけた!」

と思ったら、表層二〇センチほどの雪が流れ出した。雪崩だ。野沢が巻き込まれている。さらにその下の二〇センチほどの雪の層も流れ出し、野沢が流されていく。三〇メートルほど流

別山沢源頭の稜線。南風で雪庇ができ、北斜面に吹きだまりが発達することがよくわかる（写真提供＝野沢人史）

され、止まると思ったら、雪崩周辺の雪も流れ出し、どんどん規模が大きくなっていく。雪崩の速度は時速一五キロほど。野沢がゆっくり流されている。体は浮いたり沈んだり、小川を流れる木の葉のようだった。

「野沢を見失うとやばい」

伊藤は、流されていく野沢から視線を離さず見続けた。

スノーボーダーとスキーヤーの二人連れが、雪崩の下方斜面にいる。こんなとき、なんて叫んで知らせればいいのか。

「らっく！　らっく！」

山で落石を知らせる言葉を叫んだ。二人は雪崩に気がつき、流れから逃れた。標高差一〇〇メートル、距離一六〇メートル流され、野沢は止まった。雪崩は下流へと流れていった。

「大丈夫？　道具は？」

伊藤が叫ぶ。

「大丈夫！」

野沢が大声で答えた。

野沢はスキー二本を失っていた。伊藤は野沢が止まっている所まで滑っていった。途中、デブリから出ていた一本のスキーを見つけ、野沢と合流した。

野沢とデブリに沿って登り返す。ストックのリングを外し、射し込んでスキーを探す。デブリの厚さは一メートル数十センチほどあり、ストックは地面にまで届いているのだが、とうとうスキーは発見できなかった。

スキーを探すため、雪を一メートルほど掘ると発泡スチロールのような雪の層があった。〝あられの弱層〟だろう。この深い位置にある層が破断すれば、雪崩規模はもっと大きくなっていたはずだ。

斜面下方にも被害者

別山沢は広い源頭から下流に向かうにしたがい漏斗のように狭まっていく。その下流に幅三メートル、斜度四十五度、〝喉〟と呼ばれる非常に狭まった地形がある。広島県在住のスキーヤーとスノーボーダーの二人連れが、喉を通過しようとしていた。野沢が起こした雪崩が、喉に到達すると膨大なエネルギーとなって〝爆発〟、デブリは空中を飛んだ。スノーボーダーは空中を飛んで〝喉〟の下流に着地。埋没を免れた。スキーヤーは〝喉〟をデブリとともに落下。

首まで埋没した。ヘルメットの前頭部と後頭部に大きなへこみができ、岩場に肩を強打した。ヘルメットを被っていなければ、頭部の損傷がひどかったはずだ。全身が頭部まで埋没していれば、窒息しただろう。スキーヤーが一人で掘り出すには、手こずるにちがいない湿雪のデブリだったからだ。

大山を滑る人たちに必要なこと

幸運なことに雪崩を起こした野沢は片方のスキーをなくしただけ。別山沢下方にいた二人連れは、雪崩に巻き込まれなかった。さらに下流にいて巻き添えをくった広島県在住の二人連れは、一名が埋没したが軽傷ですんだ。死者が出ても不思議ではない雪崩。それが二〇一六年二月二十八日に起きた別山沢雪崩事故だった。

雪崩トランシーバーは、野沢も伊藤も使っている。しかし、二人は雪崩トランシーバーの捜索練習を行ない、十八分以内に五〇センチの深さに埋没した二個の雪崩トランシーバーを発見できるだろうか。プローブ、シャベル、捜索救助に必要な装備を持っているだろうか。尋ねると、野沢はプローブもシャベルも持っていない。伊藤はプローブを持っていないが、シャベルを持っているという。どんなシャベルを持っているのだろう。

野沢のスキーを見つけ、デブリ上を滑って下る伊藤祈（映像提供＝野沢人史）

別山沢が狭くなる〝喉〟で、デブリは一気に〝爆発〟、空中を飛んだ（写真提供＝伊藤祈）

「見せてくれますか？」

「これです」

伊藤のシャベルは、山岳スキー競技用の軽量、小型でシャフトがないポリカーボナイト製の楕円形のシャベルだった。軟らかな雪を掘ることはできる。しかし、雪崩の硬いデブリには歯が立たないし、たとえ掘れたとしてもデブリに埋没した人を短時間に掘ることは不可能だ。

捜索救助に必要な装備を持っていなければ、〝冬だけ友だち〟の命を雪崩から守ることはできないではないか。雪崩トランシーバーを使った捜索救助訓練だってやっておく必要がある。

野沢が別山沢に入った場所は、もっとも吹きだまりが発達していた。破断面は、厚さ一メートルほどあった。野沢は雪崩の危険がいちばん高い場所を理解していなかったと言わざるを得ない。斜面下方に人がいても気にすることなく滑降している。そしてあの日、別山沢を滑降した人たちもまた、上部で発生する雪崩に巻き込まれる危険性を認識していない。

私は雪が降ることが珍しく、雪が積もらない四国の松山に生まれ育った。冬、松山近郊の標高一〇〇〇メートルを越える山へ行けば雪が積もっている。西日本最高峰の石鎚山を登れば、一メートルを超える積雪がある。私は雪国札幌に暮らして五十年になるので、雪に馴染みがないのに雪山へ行く登山者、スキーヤーのことをとてもよく理解できると思っている。

この冬も電話がかかってくるはず、という伊藤祈

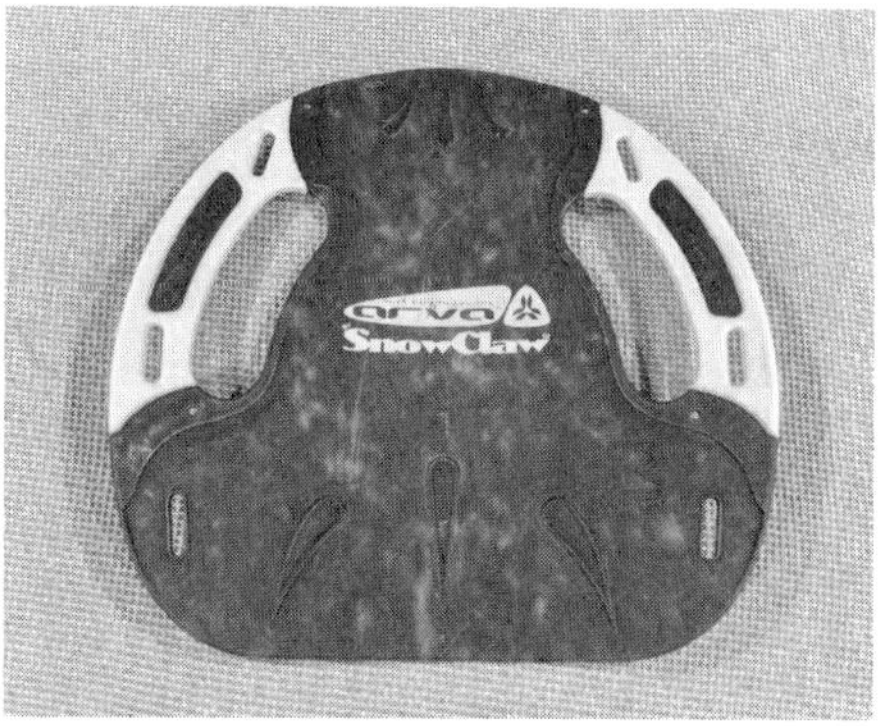

伊藤が使っている〝シャベル〟。これで雪崩のデブリを掘ることは難しい。金属製のブレード、伸縮するシャフトのシャベルを持つべきだ

雪を知らない、雪崩を知らない、雪崩への恐れを抱かない、雪と無縁の生活をしている人々。

そういった人々には、雪と雪崩の科学的な知識、雪崩の捜索救助法を身につけるための雪崩教育が必要だ。

大山を滑降する人々に、雪崩事故防止研究会と日本雪氷学会北海道支部雪氷災害調査チームのメンバーの協力を得て、学ぶ機会を提供したいと私は考えている。

私たちは教えに行くので、講演会、講習会を企画してほしいと切に思う。

大山・別山沢の雪崩分析

解説＝尾関俊浩

この雪崩は積雪調査がまったく記録されておらず、斜面積雪の不安定性の要因についてはわかっていない。したがって、弱層がどのように形成したかを推定することは困難と言わざるをえない。ここでは伯耆大山の降雪および積雪の特徴をあげ、注意すべき弱層についてふれる。

伯耆大山は標高一七二九メートルで中国地方の最高峰である。その山塊は中国山地の主稜線から日本海側に迫り出したようになっており、海岸線から一気に高度が上がっていく。このような特徴から米子などの麓ではまったく積雪がない状況から大山を登るにつれて積雪が増加し、上部は完全な銀世界となる積雪深のコントラストの大きな山である。

大山の近隣には、気象庁の地域気象観測所（アメダス）が北方の大山町塩津（標高一五メートル）と西方の米子（標高七メートル）の二カ所があり、大山町大山（標高八七五メートル、大山寺近く）では降水量と積雪深が計測されている。また防災科学技術研究所（ＮＩＥＤ）雪氷防災研究センターの積雪観測所が、大山の南東側、鏡ヶ成スキー場の近く標高八七五メートルにあり、気温と積雪深を観測している。塩津アメダスや米子アメダスの二月の平均気温の平年値は五℃を上回っており、雪国といえども平野部では積雪は降ってまもなく解けてしまう地域である。

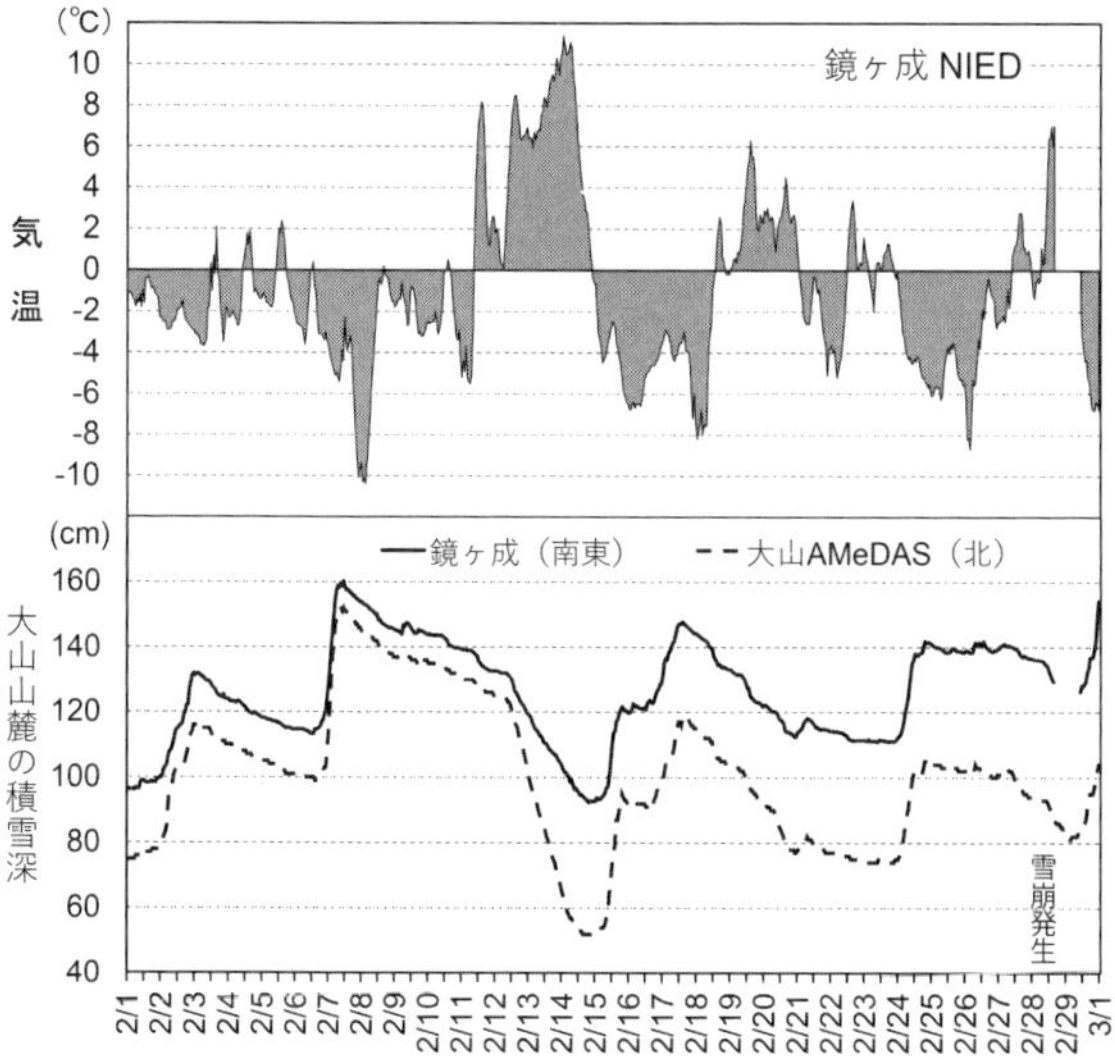

図① 周辺気象時系列データ（2016年2月1日～29日）。大山アメダスと鏡ヶ成（NIED）のデータを使用

この雪崩が起きた二〇一六年三月六日以前はＮＩＥＤの観測サイトでは、図①のように気温が推移している。北陸でも西部のこのあたりは気温が比較的高いので、積雪は湿雪へと変化することが多い。大山周辺の降雪は寒気の吹き出しにより季節風型で降ることもあり、また日本海寒帯気団収束帯（ＪＰＣＺ）の雪雲がかかると連続した降雪で大雪をもたらすこともある。後述のような低気圧の通過に伴う雲粒の付着のない結晶と、その後の積雪のパターンもあれば、弱層がなくても大量の降雪があって表層雪崩が起きるパターンもあるエリアと考えなくてはならない。ただし今回の雪崩の場合は、発生区の痕跡の写真から大量降雪ではなく弱層が何層か積雪内に形成されたものであることは確実である。

それでは霜系の弱層はどうであろうか。一般的にしもざらめ雪は寒冷、小雪な地方で発達する雪質であり、北陸地方で観察される例は少ない。北海道ではしばしばこしもざらめ雪やしもざらめ雪が弱層になる例が見られるし、後述の長野県白馬エリアでもこの霜系の弱層はよく見られる。それでは大山では霜系の弱層はないのかというと、そうとは限らない。図②は二〇二三年一月二十二日に鏡ヶ成スキー場脇の雪面上に発達した表面霜の結晶で、サイズは一～二ミリと十分発達している。表面霜は欧米の表層雪崩ではその原因の約半数を占めると言われており（①）、これが発達する地域なら霜系の弱層が表層雪崩の原因になることがありえるだろう。また表面霜が成長する気象条件ではしばしば雪面直下にこしもざらめ雪が見られることから、霜系の弱層へも注意する必要がある。

大山は鳥取県内のみならず、近隣県や四国からも日帰りで山スキーが楽しめる山域であるが、表層雪崩につながる原因は単純ではなく、麓と山頂に近いエリアの積雪状況が大きく異なることから、常にアプローチする斜面の雪崩のリスクを考えながら注意を怠らないような心がけが肝要であろう。

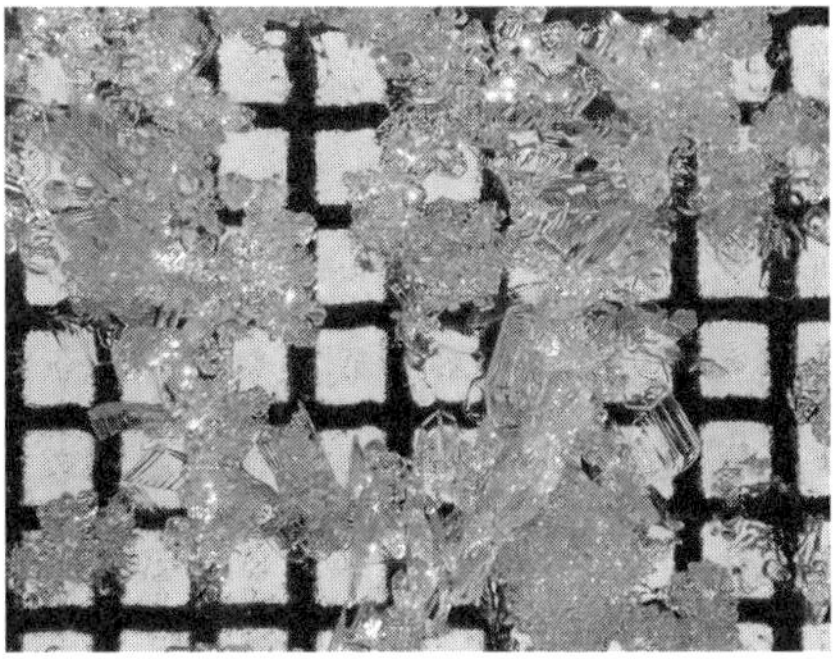

図②　大山の南東側、鏡ヶ成スキー場脇で観測された表面霜。2023年1月22日撮影

北アルプス・立山浄土山の雪崩事故

2016年11月29日

大学WV部の学生が雪崩を誘発、遭難した事例

部員が急増していたワンゲル部

立山浄土山（二八三一メートル）の北東斜面を雪上訓練のために登っていた東京工業大学ワンダーフォーゲル部（以下、東工大ワンゲル部）の六名パーティが雪崩を誘発し、六名が流され、三名が埋没した。二〇一六年十一月二十九日のことだった。十一月二十六日に始まった四日間の雪上訓練の最終日に、室堂から雄山（三〇〇三メートル）を登るため一ノ越を目指していたのだが、登山ルートを外れていた。自力脱出できた三名が雪崩トランシーバーを使ってデブリ末端付近に埋没していた三名を捜索、救出した。しかし、雪崩発生三十分後に救出された

リーダー（21歳）が死亡した。

東工大ワンゲル部は減少していた部員数が復活、急増していた。二〇一〇年度の部員数は一名、二〇一一年度は五名、雪崩事故が起きた二〇一六年の部員数は二十七名にまで増えていた。三年間に二十六名も増えたのだ。


一九九〇年代前半から二〇一〇年ころまで、北海道大学の山スキー部、山岳部は部員減少が進み、部の存続が危ぶまれる時代があった。バブル経済が崩壊したのは一九九二年。その後に就職氷河期が訪れる。大学生の就職率が回復するのは二〇一〇年からだ。九〇年代前半から二〇一〇年ころまで両クラブは新入生勧誘に力を入れたのだが、部員はなかなか増えなかった。しかし、一〇年ころから部員が増加に転じている。

北海道大学に入学する学生たちは、もともと登山やスキーを志向する若者が多い。フィールドワークを行なう研究分野で学びたいと考える学生も多い。潜在的に自然志向の学生が多い。就職氷河期の終焉を感じた自然志向の新入生たちが、山スキー部、山岳部に入部するようになり、新入部員が増えていったのだと思う。

その傾向が首都圏の大学でも同様に起きたのではないだろうか。

さらに二〇〇二年から義務教育は土日完全休みとなった。「ゆとり教育」を受けた若者たちが大学生となった影響もあると思う。今、自然や山を好む学生が増えている。

東工大ワンゲル部は山への意欲がある部員数名を核にして、冬山、春山の山行で南アルプス、北アルプスの縦走山行を復活、発展させようとしていた。そのため、雪崩対策に力を入れる必要に迫られていた。ＯＢ会の支援を受け、古いアナログタイプの雪崩トランシーバーを二〇一四年度にデジタル雪崩トランシーバーに変えた。死亡雪崩事故が起きた二〇一六年度には、プローブとシャベルを個人装備に変更、一人ひとりが持つようにした。プローブは、立山へ出発する日の午前中に、リーダーが必要数を購入して雪上訓練に間に合わせた。

さらに雪崩対策訓練を行なうため、雪上訓練の山を富士山から立山に代えた。初冬の富士山は軟らかな積雪がなく、硬いアイスバーン。雪崩トランシーバーの捜索練習に適していないからだ。訓練山域を立山に変更した最初の冬だったため、六名の中に積雪期の立山を経験している部員は一人もいなかった。それだけでなく、無雪期の立山を経験している部員もまた、一人もいなかった。六名全員が、初めて訪れる立山だった。

行動四日間の「雪上訓練」で室堂（二四五〇メートル）に入ったのは、二〇一六年十一月二十六日朝。二十六日、二十七日、二十八日の三日間、雪崩トランシーバーの捜索訓練、弱層テ

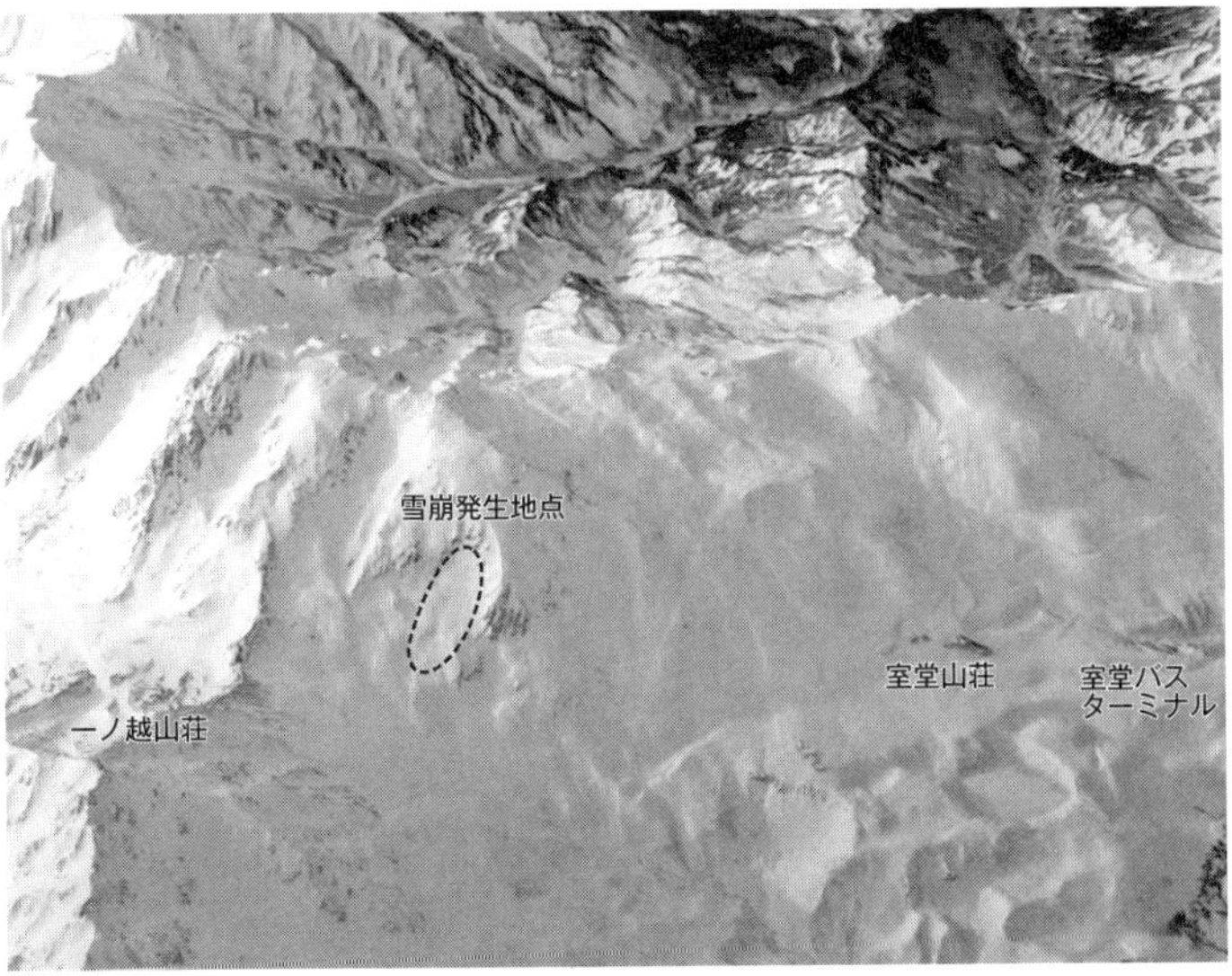

この空撮写真から、彼らが室堂ターミナルから一ノ越山荘をめざす直線上を登っていたことが分かる。地図読みの失敗が雪崩事故を引き起こした（写真提供＝飯田肇）

ストなど雪崩対策訓練を行なった。雪上でのテント設営、撤収、雪上歩行、滑落停止、ロープワークなどの基本的な冬山技術の習得にも励んだ。四日間の雪上訓練の仕上げとして、最終日に室堂から立山（三〇〇三メートル、雄山）の登頂を目指していたとき、雪崩事故が起きたのだ。

カリスマ性のあるリーダー

東工大ワンゲル部の六名パーティのリーダーは三年生の山本鉄平（仮名、21歳、千葉県出身）、サブリーダーは三年生の増川拓真（仮名、21歳、千葉県出身）、メンバーは二年生の柴倉健太（仮名、20歳、東京都出身）、一年生の山田聡一郎（仮名、19歳、神奈川県出身）、松井晴弥（仮名、19歳、神奈川県出身）、加藤翔平（仮名、19歳）。雪国出身者は一人もいない。全員が雪に馴染みがない首都圏の出身だ。ワンゲル部では二年生以上が上級生として扱われ、一年生が下級生として扱われる。従ってこのパーティは、上級生三名と下級生三名のパーティとみなされた。上級生と下級生の比率は一対一。パーティに一年生が三名いるというのは、「雪上訓練」だから許容されていた。ワンゲル部では技術と経験を要求される山行であれば、一年生は最大二名までと制限されている。

私が所属していた北海道大学体育会山スキー部では上級生とは三年生、四年生をいい、一年

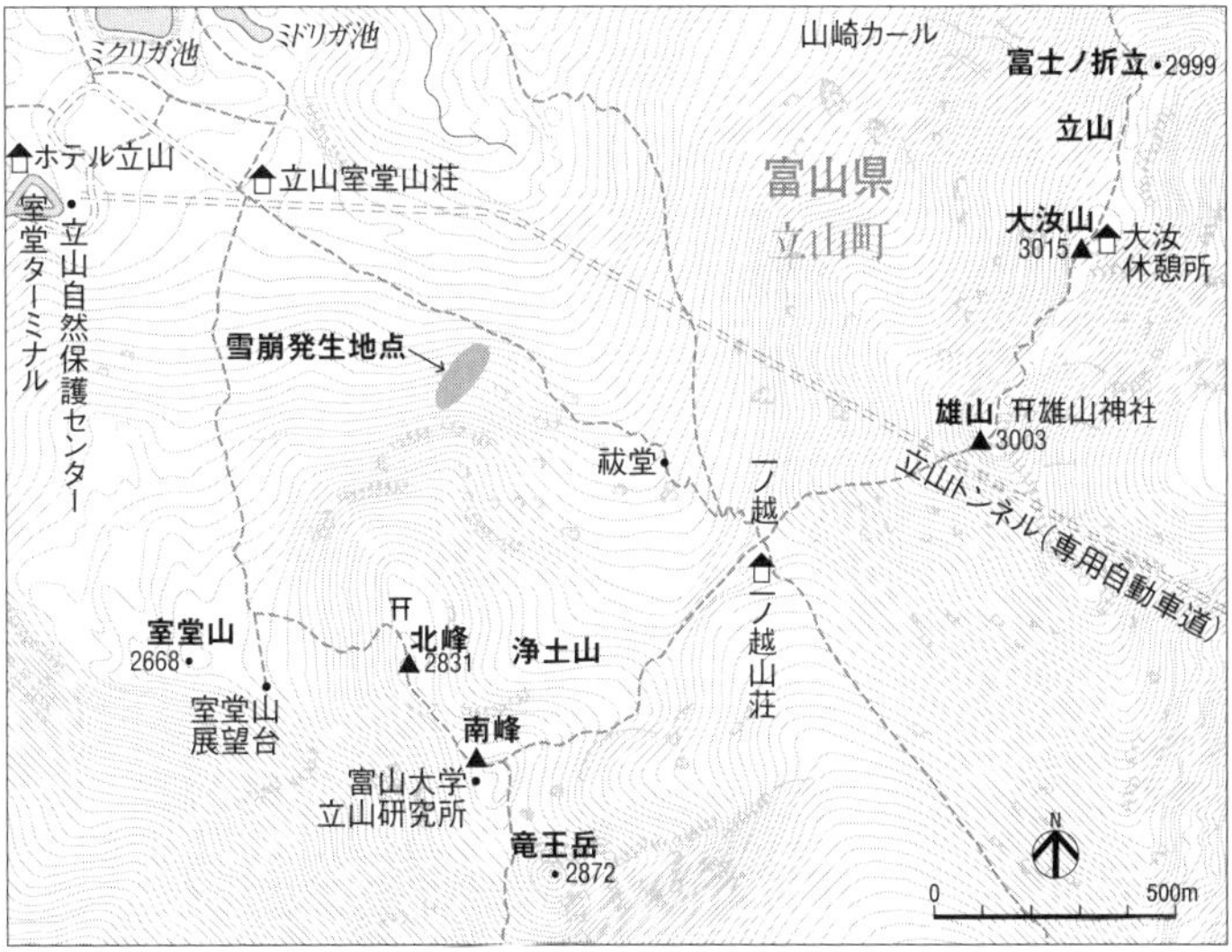
ミクリガ池
ミドリガ池
山崎カール
富士ノ折立
2999
立山
ホテル立山
立山室堂山荘
富山県
立山町
室堂ターミナル
立山自然保護センター
大汝山
3015
大汝休憩所
雪崩発生地点
雄山
雄山神社
3003
祓堂
一ノ越
立山トンネル（専用自動車道）
一ノ越山荘
室堂山
2668
北峰
2831
浄土山
室堂山展望台
南峰
富山大学立山研究所
竜王岳
2872
N
0
500m

生、二年生は経験・技術が未熟な下級生として扱われる。冬山において一シーズンしか経験していない二年生が、雪山の十分な経験を積み、技術を習得しているとはみなさないからだ。

三年生でリーダーを務めた山本は、〝カリスマ性の塊〟みたいな男だったと先輩がいう。中高一貫校に在学した山本は、中学から山岳部に所属。ワンゲル部に入ってから登山を始めた部員に比べ、経験も知識も群を抜いていた。山本は、ほんとうは東工大に入学すれば山岳部に入りたかった。しかし、山岳部は活動を休止している。やむなく「雪山をやりたい」、「クライミングをやりたい」とワンゲル部に入部してきたのだ。アラスカの山々に憧れ、北米最高峰デナリ（六一九〇メートル）に登ることが山本の夢だった。

はっきりとした登山の目標を持つ山本は熱意を持ってワンゲル部の活動を行ない、山に対し誠実だったという。体力もあった。服装、身のこなしが洗練され、先輩からも後輩からも〝山を登る姿が格好よい〟と言われるほどだった。みんな山本を特別視していた。

「山本が行きたがっているから、いいんじゃやない」

山本が立案する山行計画に反対の声が上がることはなく、部内で承認されていた。

「浄土山北東斜面雪崩事故に関する報告書」に次の指摘がある。

「圧倒的な経験を持つ山本に信頼が集まり、結果として山本個人に危機管理が一任されたという背景がある」

東工大ワンゲル部の活動

山本は春山で南アルプスの長期縦走山行に参加しようとしていた。ワンゲル部の活動で参加を義務づけられているのは、夏の縦走山行だけだ。南アルプス、北アルプス、大雪山などで一週間程度の縦走山行が行なわれる。

部員が任意に参加する活動は、次のようなものがある。

- 沢登り（春から秋にかけて日帰り山行中心）
- 岩登り（「登攀班」、初級バリエーションルートを中心とした山行）
- 冬季縦走（南アルプス中心の山行）
- 山スキー（四泊程度の合宿）
- 里ワン（九州、沖縄、紀伊半島などの里歩き）
- 自転車（一週間程度の夏合宿を日本各地で行なう）

冬季縦走と岩登りを希望する部員は少数だ。そして、岩登りと冬季縦走にほぼ同じ部員が参加する。分野ごとの参加部員はほぼ固定され、冬季のいちばん人気が高い活動は自転車だった。

部員が増えたとはいえ、冬山登山を指向する部員は少数派だった。

ワンゲル部ではそれぞれの活動を行なうグループを〝班〟として区分する。冬季縦走を行なう部員たちを〝冬季縦走班〟と呼ぶ。二〇一六年度の〝冬季縦走班〟で山本より上級生は、院生一名、四年生一名の二名しかいなかった。十一月という時期は、四年生にとって卒論制作に忙しい時期だ。一人しかいない四年生の部員ではなく、三年生の山本がリーダーになったのは致し方がなかった。新入部員が増加しても上級生の数が増えることはない。部員減少の影響が尾を引いていた。

山スキーを行なう〝山スキー班〟と〝冬季縦走班〟のメンバーは、同じワンゲル部であっても活動をいっしょに行なわない。山本パーティが雪上訓練を計画した同じ時期に、〝山スキー班〟も立山の山行を計画していた。だが、行動は別々だった。結局、メンバー不足により〝山スキー班〟の山行は中止され、室堂に集まることはなかった。

山岳部の活動が休止している東工大。ワンゲル部の「冬季縦走班」「登攀班」で活動する部員たちは、山岳部が存続していれば山岳部に入部していたのではないか。新入部員が増加しても上級生の数は増えない。部員減少の悪影響が尾を引いていた。

雪上訓練、立山室堂へ

二〇一六年十一月二十五日、二十一時に目黒区大岡山にある東工大の部室に集合。部員の車で長野県大町市扇沢へ向かった。翌朝午前四時、扇沢到着。

二十六日、八時三十分発の始発のトロリーバスに乗り、ロープウェイを乗り継ぎ、立山室堂到着九時五十五分。

登山計画書の提出を済ませ、雪上訓練が始まった。

十一月二十六日　快晴、気温マイナス八度C、積雪三五センチ

室堂からは立山三山と呼ばれる雄山、大汝山、浄土山をはじめ、富士ノ折立、真砂岳など室堂を取り囲む山々が一望できた。この日、室堂から一ノ越を経て雄山へ向かう登山道を地形図と照らし合わせれば、一ノ越へのルート（登山道）を確認できたと思われる。

室堂山荘の北にある斜面を使い、つぼ足での歩行、キックステップによる登高、下降、滑落停止といった冬山登山の基本となる雪上訓練を行なった。リーダーの山本が手本を見せ、一年生一人に上級生一人が付き、指導する。キャンプ地は室堂平。四人用と六人用のテント二張りを設営した。四人用に山本、増川の三年生が入り、六人用には一年生三名と二年生一名の四名が入った。水作り、食事はそれぞれのテントで行なった。

十一月二十七日　雪、視界一〇〇メートル、気温マイナス二度C、積雪四五センチ

午前四時に起床。風が強く、雪。視界が悪かったため、天候の回復を待つ。朝食後、リーダーの山本を除く五名が室堂ターミナルへ行く。ところが、テントへ帰る道を見失い、迷ってしまう。地図読み能力の低さがうかがえる出来事だ。

十時を過ぎると、天候が少し回復。雪上訓練を開始した。まず、雪崩トランシーバーの捜索練習。発信状態の雪崩トランシーバーをザックに入れて埋め、五〇メートルほど離れた地点から捜索を開始。埋没地点を特定するため、最後はプローブを使用して捜索した。その後、ロープワーク、フィックスロープの設置、アイゼン歩行の訓練を十六時ころまで行なった。

一年生の加藤が気象通報を聞き、天気図を作成。計画では二十八日にキャンプ地から一ノ越を経由して立山（雄山）に登り、大汝、富士ノ折立、真砂岳へ縦走、大走りを下って室堂へ帰ることになっていた。翌日の行動についてリーダーの山本から説明がなかったが、全員、天候が悪く明日の縦走は行なわれないと思っていた。

十一月二十七日の富山県山岳遭難対策協議会の「雪崩情報」

富山県山岳遭難対策協議会が発信している「立山室堂　山岳スキー情報」の「雪崩情報」が、毎日、午前と午後に二回出されている。「雪崩情報」の危険度は四段階で示される。

危険度低い　「なだれに注意」
↓　　　　　「危険な状態」
　　　　　　「非常に危険な状態」
危険度高い　「行動の自粛を要請」

十一月二十七日午前九時に出された「雪崩情報」は、危険度が低い「なだれに注意」だった。十五時に出された「雪崩情報」では危険度が上がり、「危険な状態」に変わった。

「雪崩情報」は次のような事実を伝え、注意喚起を行なっていた。

「本日お昼ころ、室堂山荘裏の北東向き斜面（注①）、比較的大きな雪崩が発生したとの情報がありました。今のところ人的な被害は報告されていませんが、雪崩の発生の情報はこれ以外の北向き斜面でも複数寄せられています。

天候が悪く詳細は確認できていませんが、雪崩発生には厳重に警戒してください。今後も雪崩が発生する危険がありますので、とくに北向きの斜面、風の影響を受ける稜線付近の急斜面には安易に立ち入らないようにしてください。

二十九日（火）には天候が回復する見込みですが、現地の状況を十分に確認した上で慎重な行動をとって下さい」

（注①）第一報では、発生場所は浄土山の北向き斜面（室堂山荘前）と発表され、十五時に訂正された。


ワンゲル部パーティは、この「雪崩情報」をまったく把握していなかった。

風の影響を受け、雪が吹きだまる北東斜面および北向き斜面で起きた複数の雪崩。彼らがキャンプしている室堂のすぐ近くで発生した雪崩だ。もしこの事実を知っていたなら、彼らの行動に影響を与えたはずだ。

「雪崩情報」は室堂ターミナル内に掲示されている。朝、室堂ターミナルへ行った五名、誰もこの掲示を見ていなかった。インターネットで「雪崩情報」を見ることもできる。しかし、誰も見ていない。彼らは、富山県山岳遭難対策協議会が出している「雪崩情報」の存在そのものを知らなかったのではないか。初めて訪れた立山室堂。知らなくて当たり前などとは言えないし、誰も教えてくれなかったと言い訳もできない。

十一月二十八日　雪、視界一〇〇メートル、気温マイナス二度C、積雪七〇センチ

午前四時起床、風強く雪。視界は一〇〇メートルほどしかない。朝食後、テント撤収訓練を行なった。テント撤収後、夜が明けるのを待つため、アイゼンを着けて室堂ターミナルへ行き、ホテル立山で待機。明るくなった七時ころ、テントサイトに戻り、シャベルコンプレッションテスト（『増補改訂版　雪崩教本』P79〜P80を参照）の訓練を行なった。指導するのはリーダーの山本だ。

メンバー全員がシャベルコンプレッションテストを練習すると、顕著な弱層が二つあった。

「手首で三、四回叩いたところ、地面付近と表層付近に滑り面が二面出た」

一年生がシャベルコンプレッションテストを行なっている間、山本ら上級生三名はツエルトに入り、訓練状況を見ていない。しかし、リーダーの山本が一年生たちに手本を見せている。上級生たちは、シャベルコンプレッションテスト結果を知っていたはずだ。

雪洞を作る訓練、テントを設営するための雪面の整地訓練を行ない、撤収したテントを再び設営した。雪のブロックで防風壁を作る訓練も行なった。いずれも冬山の基本的な訓練だ。

雪崩対策訓練として雪の中に埋まる「埋没訓練」を行なった。一メートル弱の深さの穴を作り、一年生を一分間埋める。一分が経過すると、シャベルで掘り出す。雪崩に埋まった埋没者を救出するシャベリングの訓練も兼ねている。埋没体験は、雪崩に埋まったときの〝疑似体験〟ができる。

雪上訓練の最後は、ロープワーク訓練だった。確保やロープを使った行動訓練を行ない、昼過ぎに雪上訓練二日目の行動を終えた。

山本は大学に残っている〝連絡人〟の四年生へ、ラインで二十九日の行動予定を通知した。

「明日、天候がよければ雄山ピストン（往復）の予定です」

十一月二十八日の富山県山岳遭難対策協議会の「雪崩情報」

午前八時の「雪崩情報」は、雪崩の危険度を「非常に危険な状態」としていた。前日二十七日十五時の「雪崩に注意」より、雪崩危険度のレベルが上がっていた。

午前6時45分、室堂出発直後から一ノ越山荘への遊歩道を外れ、浄土山北東斜面を登っていた。登る方向は一ノ越山荘へ一直線だった
「浄土山北東斜面雪崩事故報告書」から転載

《十一月二十八日午前八時現在の「雪崩情報」》

・昨日からの新雪は三〇センチで、積雪は七〇センチです。

・昨日二十七日（日）、室堂山荘裏の北東向きの斜面で、比較的大きな雪崩が発生しました。雪崩はそのほか北（北東）向き斜面でも複数確認されています。

・確認された雪崩はいずれも人為的な誘発によるもので人的被害は出ていませんが、昨日から今朝までにさらにまとまった降雪があり、大規模な雪崩の発生も予想されます。

・悪天候で周辺の様子がわからない状況下での行動は控えるとともに、天候が回復した後（二十九日以降）であっても、状況を確認しないまま滑走を始めてしまうなどの、安易な行動は避けてください。

・三年前の十一月に真砂岳で発生した雪崩事故（七名死亡）と似たような状況です。雪崩の発生を念頭に慎重な行動をお願いします。

風下にあたる北向き斜面、同じく風下の北東向き斜面で人為的な雪崩の発生が複数あったことが報告された。三〇センチの降雪により、さらに雪崩の危険が高まったことも指摘された。七名が亡くなった真砂岳雪崩事故が発生したときと積雪状況が似ているという指摘は、登山者、スキーヤーに雪崩への警戒を強く求める内容だ。
夕方になり、シャベルコンプレッションテストの結果を加えた十五時現在の「雪崩情報」が出された。

《十一月二十八日十五時現在の「雪崩情報」》
危険度レベル：「非常に危険な状態」
・積雪観測の結果、旧雪の厚いクラスト層の上にこしもざらめ雪が混じった層があり、不安定な状態となっています。また、新雪層内も安定していません。
・北向き斜面でのコンプレッションテストでは、少しの力で一気に破断が入るような結果も出ています。
・しばらく雷鳥沢などの大きな斜面には立ち入らない方がよいでしょう。もし立ち入る場合には、比較的安全な斜面で積雪状態を詳しく調べ、自身や他人に対するリスクの回避や万が一の救助方法について仲間同士でよく話し合ってください。
・現在、積雪層内には不安定な積雪が存在していることを忘れずに、くれぐれも慎重な行動判断を。

北向き斜面で行なわれたシャベルコンプレッションテストの結果は「少しの力で一気に破断が入る」。ワンゲル部パーティが行なったテスト結果は、「手首で三、四回叩いたところ、地面付近と表層付近に滑り面が二面出た」。ともに積雪の不安定さを示す結果が得られている。このような「雪崩情報」が出されたのだが、雪上訓練を行なっているワンゲル部パーティの行動予定に影響を与えることはなかった。彼らが行なったシャベルコンプレッションテスト結果が、行動に影響を与えることもなかった。

雪上訓練最終日の二十九日、立山（雄山）を登ることが決まった。

十一月二十九日　曇り、視界五〇メートル、気温マイナス八度C、積雪七〇センチ

午前四時起床。朝食を済ませ、五時二十分にテントを出て室堂ターミナルに立ち寄り、明るくなるのを待った。六時に室堂ターミナルを出発。一ノ越へ続く夏道を離れ、室堂山荘の右手（南側）を通過した。トレースがなかったため六人はラッセルして進んだ。ラッセルは足首ほどの深さしかなく、吹きだまりがある場所では腿ほどの深さがあった。先頭をサブリーダーの増川が歩いた。室堂ターミナルを出発したときから、夏道に沿って歩いていると思っていたと思われる。

彼らは室堂で地形図を見て、一ノ越の方向を確認、進行方向をコンパスを見て定めていると思われる。室堂からほぼ一直線に一ノ越へ登るルートだ。リーダーの山本が、出発直後に指示を出した。

「浄土山側に寄っている。斜面をトラバースして進むように」

ラッセルしながら斜面のトラバースを続けていると、室堂ターミナルが見えることもあった。視界不良のため周囲がまったく見えない状況ではなかった。

リーダーの山本が声をかけた。

「(夏道より)下がりすぎた」

そのとき六人は、夏道よりかなり上方の浄土山北東斜面をトラバースしながら登っていた。自分たちの現在位置を完全に間違えていた。山本は、先頭を歩いていた増川に伝えたかったのだろう。しかし、増川に山本の声が届かなかった。すぐに山本が声をかけた。

「先頭、代わろうか」

先頭を代わった山本がラッセルをして六名が進む。新雪が積もりラッセルが深かったため、一年生たちも先頭に立ってラッセルをした。再び増川が先頭になった。斜度が急でトラバースが難しい斜面が出てくる。下るにしても斜度が急だった。増川が山本に問いかけた。

「トラバース（をやめて）、様子を見るか？　ちょっと（上に行って）様子を見るか？」

増川の問いかけに山本が答えた。

「（夏道に合流するために）坂、登ってみるか」

リーダーの山本、サブリーダーの増川、二人は一ノ越へ続く夏道より下方を登っていると誤認していた。彼らが登っていたのは、夏道から上方に遠く外れた浄土山の北東斜面上部だった。そこはまさに「雪崩情報」で複数の雪崩が発生していると報告されている風下の吹きだまり斜面。六名がいるのは、雪崩が危険な急斜面だった。

八時十分、雪崩発生

雪崩が発生したとき、先頭はリーダーの山本、二番目に一年生の加藤、三番目にサブリーダーの増川がいた。

「ピシッ」

雪面が破断した音だ。増川がその音を聞いた。

増川の後ろにいた四番目を登る一年生松井は後ろを振り返り、逃げようとした。その瞬間、

一ノ越山荘への遊歩道を登るスキーヤーたち。東工大パーティは写真右手の斜面上部を登っていた（写真提供＝飯田肇）

雪崩に巻き込まれた。松井の後ろにいた五番目の一年生山田は三〇メートル流されたが、もがいているうちに雪面に浮かびあがり、自力で脱出した。六番目、最後尾にいた一年生柴倉は数メートル流されただけで雪崩に巻き込まれなかった。

三〇メートルほど流され、雪崩から自力脱出した山田が斜面上方を見ると柴倉の姿が見えた。二人は合流した。そのころ視界が悪化、雪崩走路の末端付近が見えなかった。そのため、雪崩の全容が分からない。

雪崩が発生したのは浄土山北東斜面、標高二六〇〇メートル、雪崩の幅は一五メートル、雪崩末端の標高は二五三〇メートル。標高差七〇メートル、距離一四〇メートルを流れていた。破断面付近の斜度三十五度、平均斜度三十度だった。

増川は「ピシッ」という音を聞くと両手で口の周囲を覆い、エアポケットを作る体勢をとった。埋没したとき、左手が雪面から出ていた。デブリに埋まっている右手でメガネを持ち、口の周囲を覆っていた。呼吸を確保すると、助けを求め、叫んでいる。

捜索のためデブリ末端付近に下ってきた山田が、増川の叫び声に気づいた。近づくと左手を発見。三名で掘り出しに取りかかる。上半身を掘り出し、気道確保できた段階で柴倉が雪崩ト

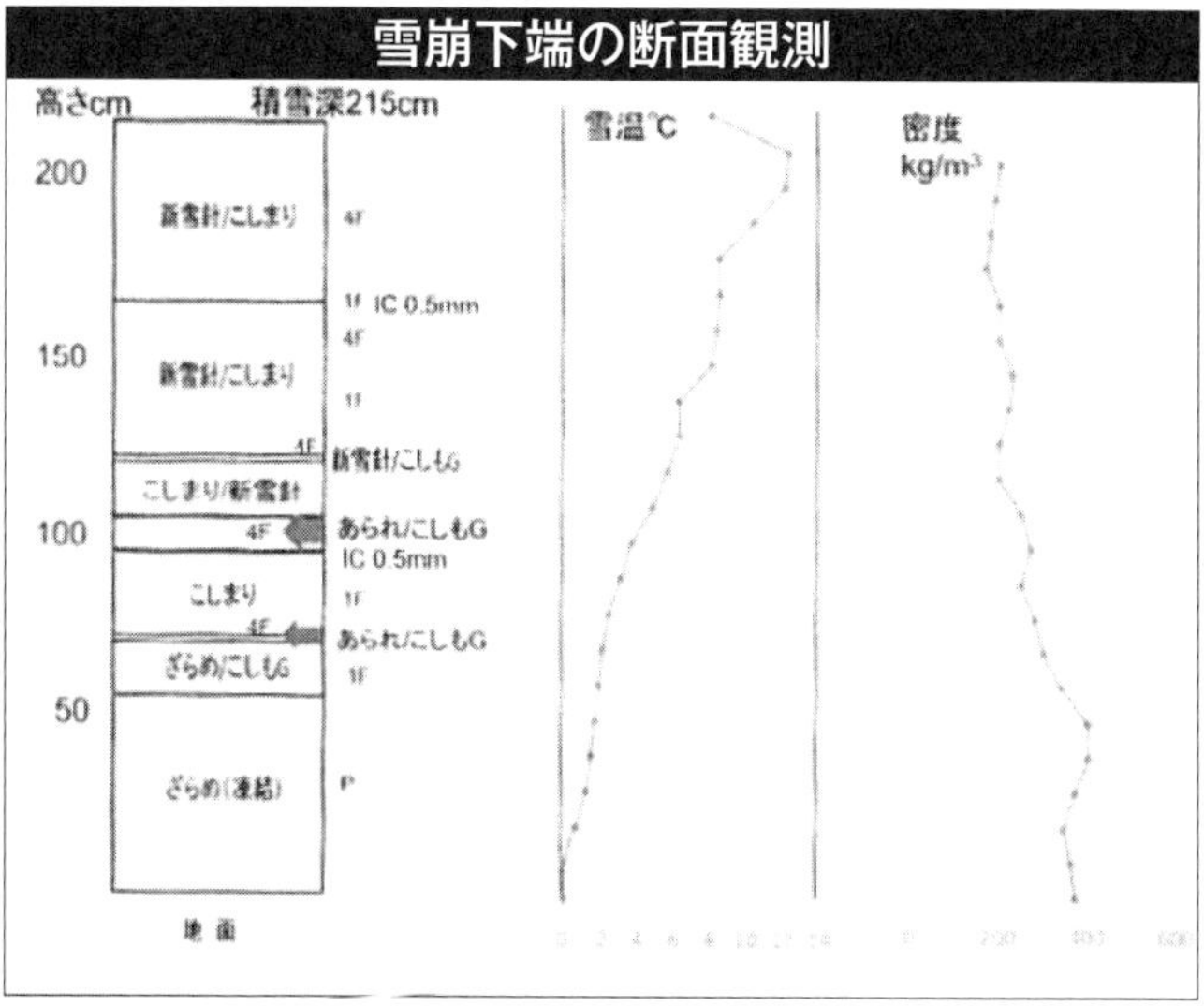
雪崩下端の断面観測
高さcm
積雪深215cm
200
新雪針/こしまり
4F
1F IC 0.5mm
4F
150
新雪針/こしまり
1F
4F
新雪針/こしもG
こしまり/新雪針
100
4F
あられ/こしもG
IC 0.5mm
こしまり
1F
4F
あられ/こしもG
ざらめ/こしもG
1F
50
ざらめ(凍結)
P
地面
雪温℃
密度
kg/m³

ランシーバーで橋本、加藤の捜索を開始した。増川から数メートル離れた地点で雪崩トランシーバーの信号音を捉えた。プローブで埋没を確認すると柴倉、山田が掘り出しを開始。加藤が埋まっていた。埋没深は約八〇センチ、顔を掘り出し気道確保できたのは、八時三十五分から四十分ころ。雪崩発生から十五分から二十分が経過していた。

加藤の気道確保ができると、柴倉は発見できていない最後の一人、山本の捜索を開始した。山本は加藤のすぐ近くに埋没していた。頭部を斜面下流に向け、うつ伏せの状態だった。手、ザック、頭部の順に掘り出された。埋没深は約一五〇センチ。三人の中でもっとも深く埋まっていた。顔を掘り出すと意識がなく、呼吸をしていなかった。顔色に生気はなかった。

山本の救出は八時五十分ころだった。雪崩発生から約三十分が過ぎていた。

増川と柴倉の二人が、山本の人工呼吸と心臓マッサージを開始した。富山県警山岳警備隊の三名が室堂派出所から到着したのは九時五十分。自動体外式除細動器（ＡＥＤ）で電気ショックを与えた。山本の心臓が動き出すことはなかった。

雪崩で死ぬ確率がもっとも高いのは学生

私は雪崩で死亡する確率がもっとも高いのは、学生だと思っている。北海道大学の山スキー

デブリ末端付近から望む雪崩が発生した斜面。岩壁の基部付近で破断した。雪崩の幅15メートル、長さ140メートル、破断面付近の斜度35度

スノーボーダーの右手に見えるのが山本を掘り出した穴。雪崩は小規模だったが、山本は1.5メートルの深さに埋まっていた（写真提供＝飯田肇、11月30日撮影）

部、山岳部、ワンダーフォーゲル部、探検部といった山系サークルの学生が雪崩で死んだのは二十八名。ひとつの大学で二十八名もの学生が雪崩で死ぬ。あまりにも多すぎる数だ。北大の山系サークルの部員は一時期減少したが、二〇一〇年ころから回復傾向にある。山岳部の部員は十名を超え、山スキー部は二十五名ほどまで回復し、ワンゲルは三十名ほどの部員を維持し続けている。しかし内地の大学山系サークルは、部員減少の傾向が依然として続いている。部員が減少すれば、培ってきた経験・技術の伝承、継承が困難になり、途絶えてしまう。山系サークルの実力がどんどん低下していく。たとえ部員数が増えたとしても、一度途絶えた〝山の実力〟の復活はきわめて困難だ。

東京工大ワンゲル部の立山浄土山雪崩事故からも分かる。しかも大学は四年間。登山経験を積み、山、特に冬山に必要な技術を身につけるには四年間は短すぎる。四年が経過すれば、経験を積んだ上級生がいなくなり、世代交代が起きる。四年間の世代交代は、大学山系クラブの宿命だ。

その結果、事故が発生する。

大学のクラブ活動は、学生たちによって自主的に運営され、自由に活動することが基本だ。長く続く部員減少という状況。もはや学生だけで安全を保てる登山技術や雪崩対策技術を習得、継承していくことは無理なのではないか。外部の優れたガイドや優れた登山家、雪氷研究者や

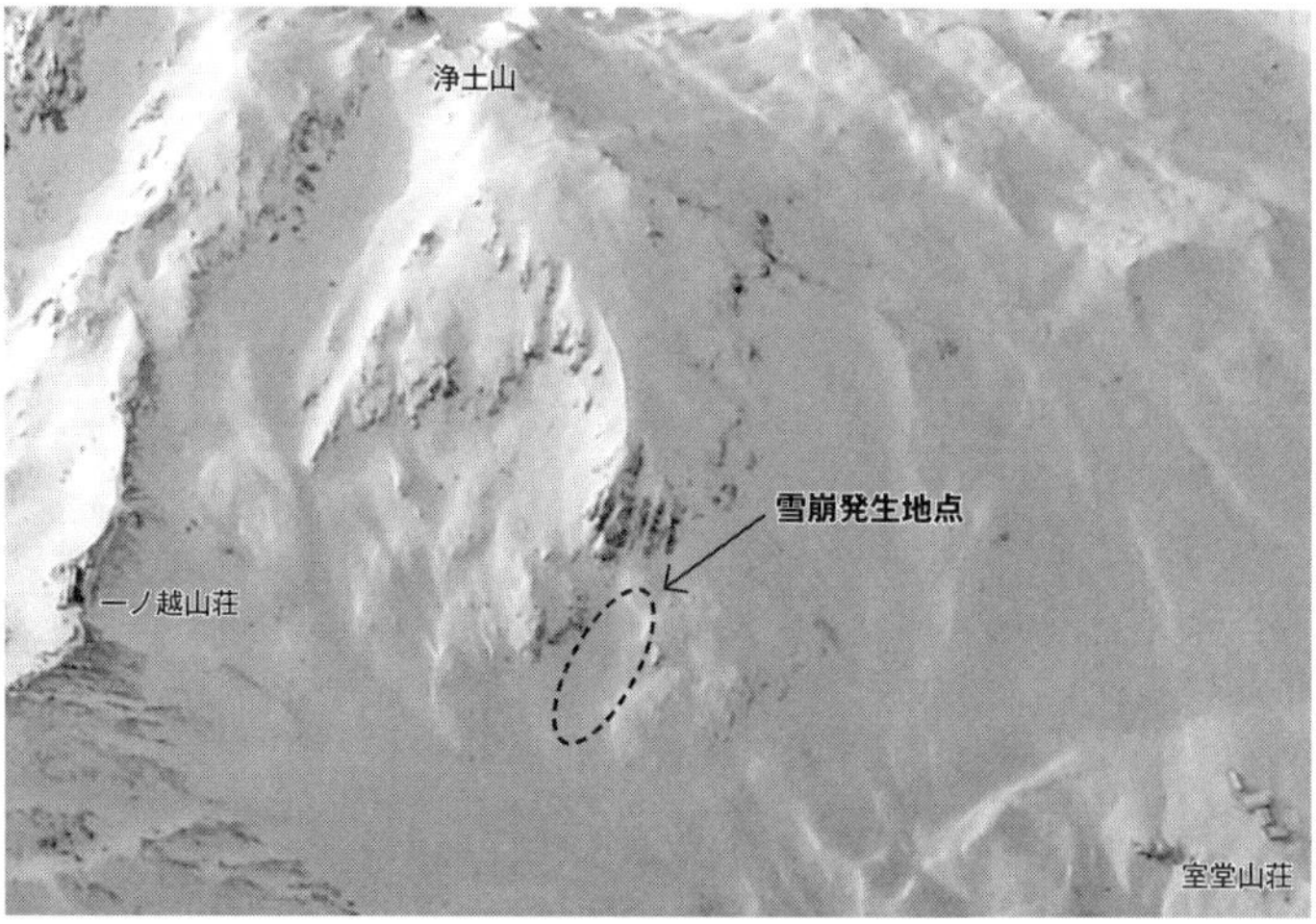

浄土山の北東斜面は吹きだまりが発達する。立山雪崩情報で危険を指摘する斜面を登り、雪崩を誘発した（写真提供＝飯田肇）

気象専門家の指導を受け、安全を担保できるようにするしかないと思う。それぞれのクラブに歴史と伝統がある。一律にこうすればよいという処方箋はない。学生たちが登山のこと、とくに雪崩の科学的知識、捜索・救助法を学べる場を作る必要があると思う。

雪がない地域の出身者、雪がない地に暮らす学生にとり、雪山は遠い存在だ。雪崩トランシーバーの捜索練習、シャベリング、プロービングは雪がなくても可能だ。二〇二二～二〇二三冬シーズン、雪崩事故防止研究会は雪がない十月に北海道大学陸上競技場で学生たちに雪崩サーチ&レスキュー講習を行なった。十二月には雪がない東京の代々木公園で雪崩サーチ&レスキュー講習会も行なった。

雪なくても練習はできる。

私は東工大ワンゲル部の立山浄土山雪崩事故を調べ、学生たちを雪崩で死なせないためのヒントを得た。その答えの一つが、雪がなくても行なえる雪崩サーチ&レスキュー講習会だ。冬山を終えた北大生たちに、雪がない十月に雪崩サーチ&レスキュー講習会を受講した効果を尋ねた。

山スキー部、山岳部、ワンゲル部はこの講習会の一カ月後、勤労感謝の祝日前後に雪が降り積もった旭岳や十勝岳連峰で冬山訓練を行なう。一年生、二年生の雪崩サーチ&レスキュー

（ＡｖＳＡＲ）の習熟度が非常に高まったという。とくに一年生は初めて過ごす北海道の冬山である。雪に慣れていない。寒さに慣れていない。日没が早く行動時間も制約される。寒さを気にせず、雪を気にせず、時間の余裕がある秋に陸上競技場での講習会で基礎知識をすでに身につけているため、非常に効率よく習熟度を高めることができたという。教育は最初が肝心だ。

首都圏の大学山岳部の学生たちにも雪がない場所で雪崩サーチ＆レスキュー（ＡｖＳＡＲ）を教え、そのあとに雪山で講習すれば、北大生と同じように理解が深まり、習熟度が高まるはずだ。しかも首都圏から積雪が十分にある山域へ出かけることは、そうそうたやすくないだろう。四季を通じ、都内でＡｖＳＡＲ講習会を行なえるなら、捜索救助能力が向上するにちがいない。

なおかつＡｖＳＡＲ講習会の仕上げとして行なうシナリオトレーニング。たいていの人たちは、雪に埋めた複数の雪崩トランシーバー捜索をスムーズにできず、自分の無力さを痛感する。すると、雪崩に遭わないことが重要だということに気がつく。雪崩の捜索救助法の練習も大切だが、雪と雪崩の科学、気象、雪崩事故の医学を学ぶ必要性に気がつく。

雪崩から自分の命を守る。仲間の命を守る。誰かの命を守るために向上心が芽生えてくるのだ。

雪崩事故防止研究会は、北大生たちからヒントを得て二〇二三年十二月に東京で雪崩サーチ＆レスキュー講習会を本格的に開始する。

尾瀬・燧ヶ岳の雪崩事故

「ココヘリ」を持った単独スキーヤーが雪崩に埋没、死亡した事例

2019年3月9日

雪崩リスク

「那須岳、南会津周辺で活動をしています。山岳スキーを中心にルートクライミング、ボルダー、ルートピッチクライミング、登山、沢登りを少々、アイゼン、ピッケルを持つとテンションが上がります」

ヘルメットをかぶり、ゴーグルを付けた写真に添えられた黒木岳志（仮名、44歳）のツイッタープロフィールだ。栃木県に暮らし、職業は警備員。出勤と休日が一日おきにあり、普通の会社員より休日が多い。黒木は身長一七〇センチほど、小柄で筋肉質な体型だ。

2019年2月22日、Twitterの投稿から、黒木のシュプール。会津中門岳東面を滑降した

入山前夜のTwitterの投稿。「尾瀬沼が40センチということは燧（燧ヶ岳）は60センチくらい積もっているな」「人がたくさん入っている場所は行きたくないなあ」

二〇一九年三月九日、燧ヶ岳（二三五六メートル）へ一人でスキーに出かけ、夕方になっても下山しなかった。十九時ころ、妻が南会津警察署に捜索願を出し、翌十日午前十時過ぎ、福島県警航空隊が燧ヶ岳硫黄沢左俣沢標高二〇四〇メートル付近で深さ一・五メートルに埋没していた黒木を発見、収容した。

スキー仲間の山崎義之（48歳、栃木県在住）が黒木について語る。

「黒木君は十八歳ころ、社会人になってからスキーを始めました。スキー一級の人より巧かったし、インストラクターよりも巧かった。二十八歳ころからいっしょにモーグルスキーを始めました。地方の草大会ですが、ほぼ三位以内に入っていました。モーグルの大会に二人で出ていたのは三十六歳ころまでです。モーグルをやめて三年ほど後に偶然、檜枝岐村で行なわれているキャットツアーで再会。〝山スキーをやろう〟ということになり、二〇一二年冬からバックカントリースキーを始めました。時どきモーグルの仲間を誘って四人で行くこともありましたが、ほとんどは二人でした」

バックカントリースキーを始めると黒木は、ツイッターやブログで山行を積極的に発信するようになった。憧れていた急斜面を滑るプロスキーヤーの影響だという。

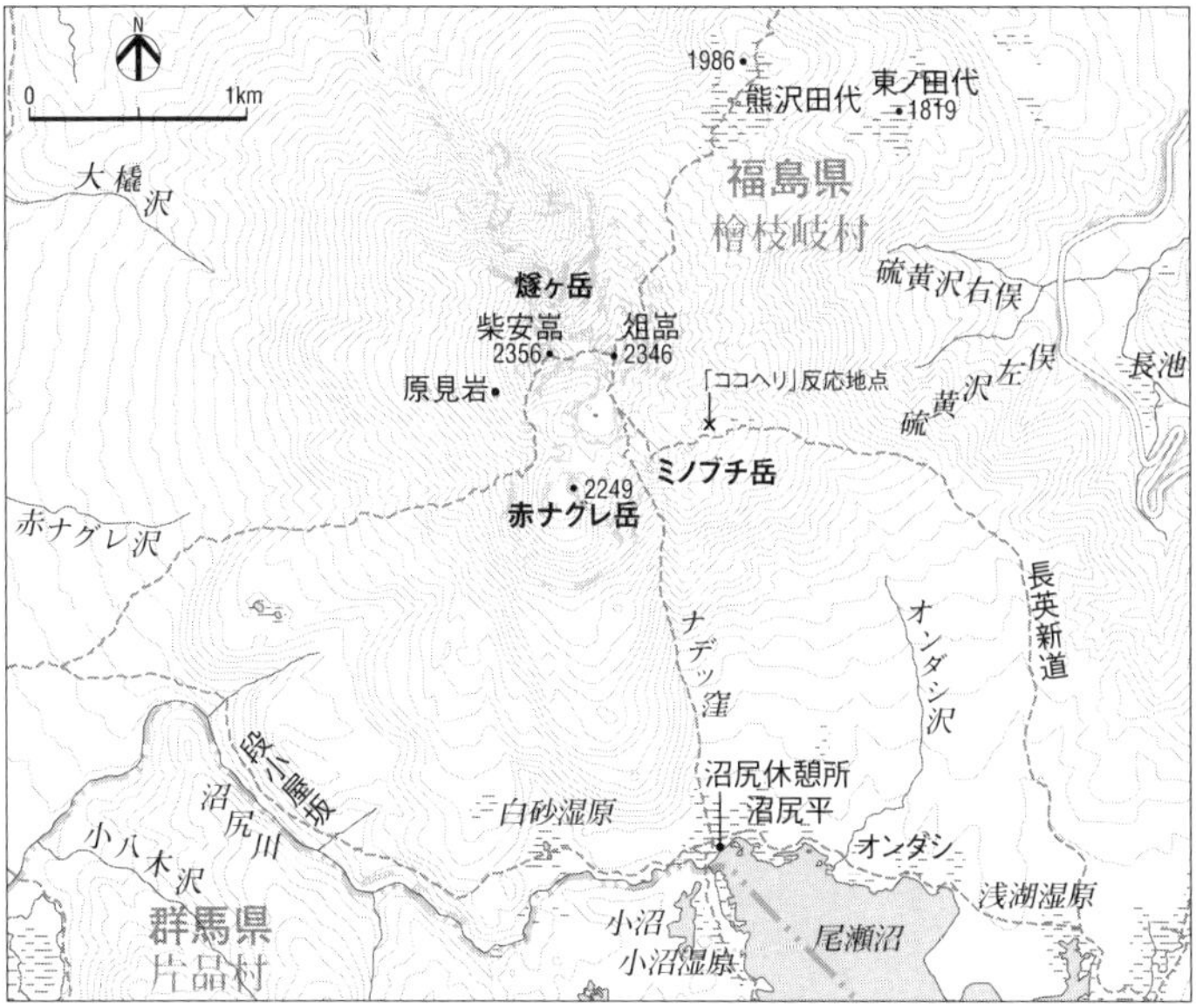
N
0
1km
1986
熊沢田代
東ノ田代
1819
福島県
檜枝岐村
大橇沢
燧ヶ岳
柴安嵓
2356
俎嵓
2346
原見岩
「ココヘリ」反応地点
硫黄沢右俣
左俣
硫黄沢
長池
ミノブチ岳
2249
赤ナグレ岳
赤ナグレ沢
長英新道
オンダシ沢
ナデッ窪
段小屋坂
沼尻川
小八木沢
白砂湿原
沼尻休憩所
沼尻平
オンダシ
浅湖湿原
小沼
小沼湿原
尾瀬沼
群馬県
片品村

ツイッターを通じて友人になった藤澤孝安（53歳、福島県在住）が語る。

「急斜面が大好きでした。本人の性格から、ちょっと攻めるところがあった。雪崩に対しては、行動が危険じゃないのかなという印象は持っていました。山行の八割がソロ。一人で行動した方が、決断が速いという理由です。二割が仲間と行く山行でした」

山崎は三月八日、黒木から燧ヶ岳へ行かないかと誘われた。

「やはり天気のことを考えると雪が不安定、体力的にも厳しいということで断り、別の山へ行きました」

藤澤も誘われた。

「大雪が降った直後だし、俺、行かないわ」

と断っている。藤澤は黒木から誘われた翌日、十日に一人で燧ヶ岳へ行くことにしたという。ほかにも一人、黒木から誘われているが断っている。黒木は友人三人を誘い、全員に同行を断られた。

山崎は二〇一八年冬から、黒木とバックカントリーへ行く回数が減った。理由は二つある。体力が黒木の方が上回っていたからだ。アプローチが長く、行動時間が長い山へ黒木が行きたがるようになった。黒木の狙いは、奥深い山の急斜面だった。山崎は黒木と一緒に行動することが、体力的に厳しかった。

二つ目の理由は、雪崩リスクへの考え方の違いだ。二人は滑降する前に必ずピットチェック（積雪安定性の評価）をしていた。ピットチェックをしないまま滑降することはない。それぞれが違う場所で行なう。ピットチェックの評価が異なる場合が出てくる。

「私が不安でも黒木君は行ける。そんな感じでけっこう判断が割れ、もめることが多くなりました」

「判断が違ったときは、どうしましたか？」

「判断が違ったときは、黒木君に従って滑っていました」

評価が異なるとき、黒木を説得することはできなかった。頑として山崎の意見を聞き入れないからだ。黒木の判断に従うしかなかったという。

三月七日夜から八日にかけて南岸低気圧が関東沖を通過、大雪が降った。南岸低気圧が接近する前に必ず雪崩の弱層になる「降雪結晶」が降ることが知られている。そして低気圧通過後に強風と大雪。このような気象変化で多くの雪崩事故が発生している。二〇一七年三月二十八日に起きた那須雪崩事故。栃木県立大田原高校山岳部の生徒七名と顧問の教員一名、八名が亡くなった。この雪崩事故も南岸低気圧が降らせた降雪結晶とそのあとの大雪が原因だった。

八日の夜、黒木のツイッター投稿である。

「尾瀬沼が四〇センチということは燧（燧ヶ岳）は六〇センチくらい積もっているな」

「人がたくさん入っている場所へは行きたくない」

「明日どうしよう。雪の降り次第で行き先を変えないと」

「とりあえずパッキングする」

「アプローチも厳しくなるね」

黒木は八日に降った大雪のことを理解し、燧ヶ岳に六〇センチくらいの大雪が降ったことを予想していた。

単独行だから、ココヘリ

黒木は会員制捜索サービス「ココヘリ」（オーセンティックジャパン）に二〇一八年十一月二十一日に入会している。

以下、「ココヘリ」のホームページから引用する。

「ココヘリに入会すると会員証（発信器）が貸与されます。定期的に電波を発信、もしもの時は捜索隊が持つ専用受信機で最長一六キロから受信できます。電波の強度から絞り込みを行なうことで位置を正確に特定出来ます」

発信器の仕様は、高さ五・八センチ、幅三・九センチ、厚み一・二センチ、約二〇グラム、920メガヘルツ特定小電力無線機。会員数は十四万人。

「ココヘリ」は、元九州松下電器の技術者たちが開発した人の位置を特定する装置。探知装置「ヒトココ」は、発信と受信の二つの機能を備え、捜索に使用される。「ココヘリ」(会員証)は、受信と発信の機能があるが捜索機能はない。通話はできないが、携帯電話のような装置と考えればよい。「ココヘリ」の会員サービスを提供するオーセンティックジャパンの代表取締役久我和総氏も元九州松下電器の社員。イギリス、北米での電話販売、電話機の開発などに従事していた。

「ココヘリ」に電話番号のような個別の番号(IDナンバー)が与えられ、〝会員証〟と呼ぶ。「ヒトココ」でIDナンバーを呼び出す信号を送信すると、「ココヘリ」が受信、発信機能が起動し、そのID固有の電波を発信する。「ヒトココ」からの呼び出し信号がなければ、電波を発信しない。「ヒトココ」が電波を捕捉すると、「ココヘリ」の位置が分かる。つまり、遭難者の位置を特定できる。捜索は基本的にヘリコプターから行なわれ、探知能力の最長は一六キロ。電波は水によって減衰するため、人間の体、水、雪の影響を大きく受ける。

オーセンティックジャパンは、独自の捜索体制を整え、二十四時間対応する。捜索ヘリは複数機を契約、一年三六五日全国で出動できる体制を整えている。「ココヘリ」で遭難者の位置を特定出来れば、警察と消防、公的救助機関に引き継ぐ。現在、多くの警察航空隊、消防の防災航空隊などが導入し、運用されている。道迷い遭難など、遭難者の発見能力が優れ、「ココヘリ」の普及が急速に進んでいる。日本で開発された画期的な捜索救助機器といえるだろう。

黒木は雪崩トランシーバー、シャベル、プローブを持って入山する。同行者がいれば、雪崩に埋没したとき雪崩トランシーバーで捜索してもらえる。では、一人、単独で入山したときに雪崩に埋没すれば、誰に捜索をしてもらえるのか。世界的には「レッコ」が雪崩埋没者や遭難者の位置を特定できるシステムだ。ヘリからの探知可能距離は一六キロ。しかし、レッコが使用する電波の周波数が、日本国内で使用されている携帯電話の周波数帯に近いため、日本国内では特例を除きレッコの使用が承認されていない。今、日本国内で遭難者の位置を遠距離から特定できる装置は、「ココヘリ」だけだ。

2019年3月9日9時20分のTwitterの投稿、「素晴らしい」。写真は熊沢田代から燧ヶ岳を望む

単独で、奥深い山の急斜面ばかり滑降することが多くなった黒木。雪崩に埋没しても同行者によるコンパニオン・レスキューはあり得ない。それなら、「ココヘリ」の会員になり、いざというときは「ココヘリ」で自分を捜索してもらう。「ココヘリ」で遺体を発見してもらい、家族のもとに帰る。おそらく黒木は、そういう気持ちだったのだと思う。

単独で燧ヶ岳を目指す

三月九日、この日も黒木は頻繁に自分の行動状況をツイッターに投稿していく。
五時三十分「行ってきます」
八時十分「いい天気です」（広沢田代から大杉岳方面）
九時二十分「素晴らしい」
九時二十八分「ドパウです」
九時四十七分「疲れたからおにぎり食べる」
十時二十九分「進まないです」
十一時十分「着きました」

10時29分、Twitterの投稿「進まないです」。写真のように1人でラッセルを続け、登ってきたトレース。重そうな雪だ

9時28分、Twitterの投稿。「ドパウです」。ドパウとは、凄い深雪という意味

藤澤は十日に燧ヶ岳を滑降するため、九日十四時ころ檜枝岐村へ向け、自宅を出発した。十六時ころ、そろそろ黒木が下山しているはずだろうとツイッターをチェックしたが、投稿が更新されず「(山頂に) 着きました」で終わったままだった。下山を確認するため、黒木が駐車しているミニ尾瀬公園へ向かった。公園の駐車場に黒木の車があった。

「あれ、ちょっとおかしい。遅くとも十五時に下山する人です。下山したら下山したで報告がツイートされる。いつもそうだったんです。変な想像をしました。もしかして雪崩かな。でも確証は持てなかった」

単独行のスキーヤーが下山してきた。黒木に会わなかったかと尋ねた。山頂でロープを出して何か作業をしていた黒木を目撃していた。

「ピットチェックをしていたと思います。黒木はよくロープを出してピットチェックをしていました。その人に〝今日は雪が安定している〟と話をしたそうです。なぜ黒木が〝雪が安定している〟と判断したか理由は分からないです」

藤澤は黒木にとっていちばんの滑り仲間である山崎に連絡を取り、黒木の車がミニ尾瀬公園に停まったままになっていることを黒木の妻に伝えるよう頼んだ。

3月9日午前中に撮影された燧ヶ岳。山頂へ向かう黒木のトレースが写っていた（写真提供＝藤澤孝安）

妻が警察に相談

山崎は黒木の妻に状況を伝え、南会津警察署に相談をするよう勧めた。妻は、この日が来ることを覚悟していたという。

黒木より年長で慎重な行動をする山崎。山崎と二人で雪山を登り、滑りに行くなら妻の不安は和らいでいたと思う。しかし、黒木一人で行くことが多くなり、危険と思える斜面ばかりを滑るようになった。妻が、「一人で山へ行かないで」と言っても、頑として妻の言葉に耳を傾けない夫。黒木の行動を止めることができない。夫の行き着く先は、山での死。あきらめ、夫の死を覚悟していたのだろう。

妻は南会津警察署に連絡。警察は、「ココヘリ」に加入していないか妻に尋ねた。南会津地方広域市町村圏消防本部（以下、南会津消防本部）は、「ココヘリ」を導入し、探知装置「ヒトココ」を二台所有していた。

翌朝、福島県警航空隊のヘリが一番機として「ヒトココ」を搭載して出動、福島県消防防災航空隊のヘリも「ヒトココ」を搭載して二番機として捜索に出動することが決まった。地上からの捜索には、南会津消防本部の山岳救助隊、南会津警察署の山岳遭難救助隊などが出動することになった。福島県警航空隊は「ココヘリ」を導入していなかった。福島市内にある航空隊基地を飛び立った「ばんだい」は南会津警察署のヘリポートに立ち寄り、南会津消防本部が所有する「ヒトココ」を受け取ることになった。

黒木の妻から連絡を受けたオーセンティックジャパンは、ただちに南会津警察署に連絡、状況を把握した。同社が契約しているヘリの出動準備を開始、翌朝出動することを決めた。

福島県警ヘリからの「ココヘリ」捜索

三月十日八時五十五分、福島県警航空隊のヘリが南会津警察署のヘリポートに着陸。地上に降下して捜索救助活動を行なう「特務員」一名が署内に入り、南会津消防本部山岳救助隊、星竜平隊長から「ヒトココ」を受け取った。特務員は星隊長から操作方法の説明を受けたが、「ヒトココ」の使用方法はいたって簡単だ。黒木の「ココヘリ」のID番号を入力し、サーチ（捜索ボタン）を押せば、電波を発信。黒木の「ココヘリ」が反応し、応答信号が発信される。その発信信号を受信できれば位置を特定できる。星隊長から、ヘリからの探知能力は一六キロだと説明を受け、特務員は「ココヘリ」に期待した。

一六キロという探知能力は、「ヒトココ」から「ココヘリ」が直線で見通せる位置にある最良条件の場合だ。例えば、人の体の下にあれば体内にある水分により電波は減衰、受信機能が低下する。

雪崩トランシーバーも雪による電波の減衰の影響を受ける。深さ一・五メートル以上に埋まると受信が弱くなり、埋没可能性範囲が広くなる。そのため埋没位置の特定が難しくなる。「ココヘリ」も同じく水の影響を受ける。実際に「ココヘリ」が水の影響を受け、ヘリからの「ヒトココ」の捜索では発見できなかったり、困難を極める事例があるという。

捜索が行なわれた三月十日は快晴。視界が非常によかった。燧ヶ岳へ接近していくと、周辺の山に雪崩の痕跡がいくつもあった。「探知能力一六キロ」に期待していた特務員は、「ココヘリ」の反応を期待し、サーチボタンを幾度も押した。しかし、黒木の「ココヘリ」から応答がない。遭難場所を燧ヶ岳南側斜面に想定していたため、「ばんだい」は燧ヶ岳山頂周辺で捜索飛行を開始、山頂を中心に時計回りに旋回する。やはり反応がなかった。

「(遭難したのは)別の山かな」

「沢沿いを捜索しようか」

パイロットと特務員が相談、沢沿いの捜索を開始した。ヘリの吹き下ろしの風、ダウンウォッシュの刺激で雪崩が発生することを警戒、通常の捜索高度より高く約九〇メートル(一〇〇フィート)で飛行した。

最も黒木といっしょに山行をしている山崎義之。「いっしょに行っていたら、私も雪崩に遭ったのかな……」と証言した

単独行が多い黒木の行動をいつも見守っていた藤澤孝安。「助けられなかったというのは辛い」

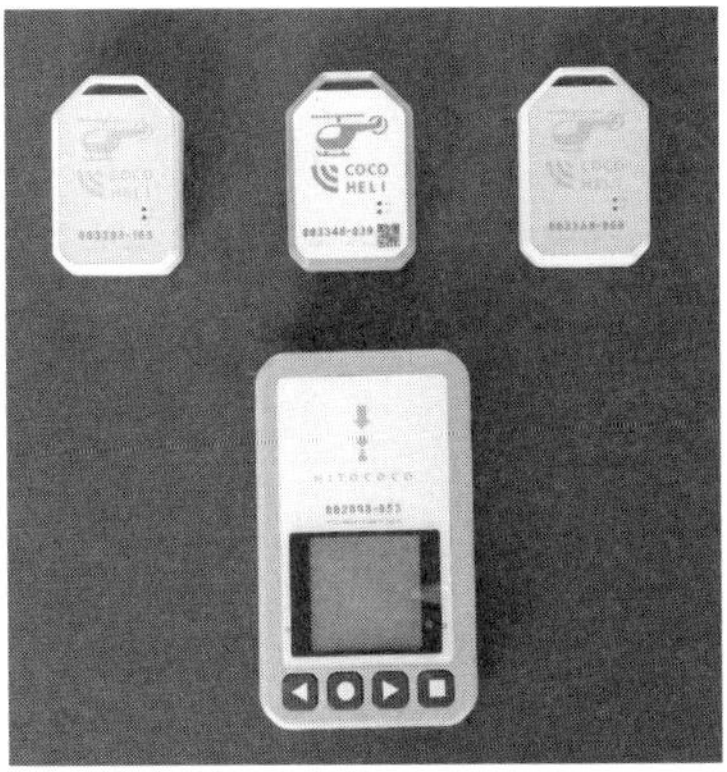

「ココヘリ」（上、3個）と捜索機能がある「ヒトココ」

真っ白な雪面に黒いスキー板

硫黄沢左俣沢に幅二〇メートルほど、川のように流れている雪崩の跡があった。標高二〇四〇メートル付近に黒い板状の物が雪面にあるのが見えた。福島県警ヘリが接近していった。

「真っ白い斜面のなかに一本だけ木があるのはおかしい」

「木にしては不自然だ」

パイロットと特務員が言葉を交わしたそのとき、九時三十六分、「ヒトココ」が黒木の「ココヘリ」の応答信号を捉えた。

黒い板状の物は一本のスキーだった。状況を確認するため、スキーのあった上空を旋回する。九時三十八分、再び信号を捉えた。スキーの下に黒木岳志が埋まっているのは間違いない。

十時二分、三名の特務員がホイスト装置を使って地上に降下。地上に降りると雪崩トランシーバの信号も捉えた。一名が雪崩を警戒する監視役、二名が黒木の救出を開始した。

十時十五分、黒木の足を発見。

「頑張ってください！」

2019年2月22日、Twitterの投稿「今日は会津駒ヶ岳〜中門岳に行き、中門岳東面を滑降。三ツ岩岳に登り返し、東面シュートを滑降」

黒木は深さ約一・五メートルで頭を斜面下方、足を上方にして〝逆立ち〟をするような体勢で埋まっていた。

「頑張りましょう」

特務員が黒木に声をかけ続けるが、反応はまったくない。手首で脈を確認することができなかった。

十一時九分、黒木の掘り出しが完了。掘り出しにほぼ一時間を要している。

深さ一・五メートルの雪の中に埋まっていた黒木。「ココヘリ」も一・五メートルほどの深さに埋没していることになる。雪により電波はかなり減衰し、探知能力が低下したことは間違いない。

黒木を水平担架でヘリに収容すると特務員たちが、心臓マッサージを開始した。

十二時四分、南会津警察署のヘリポートに着陸。南会津消防署の救急車に引き継がれ、黒木岳志の死亡が確認された。

シーズン最後のチャンス

黒木は硫黄沢右俣沢を亡くなる一週間前に滑降している。彼は厳冬期の左俣沢を滑降するこ

黒木が発見された硫黄沢左俣（写真提供＝藤澤孝安）

とを目標にしていた。

「自分は左俣沢のほうが好きだな」

左俣沢を滑降したことがある藤澤に話している。左俣沢下流に高さ五メートルほどの滝がある。積雪が少ないと滝の下降が非常に難しい。二〇一八年四月、残雪期の左俣沢を偵察のために滑降。このとき、雪がなくなった滝の下降に苦労している。このころから、左俣沢の滑降を狙っていたはずだ。厳冬期を過ぎ、積雪量が減少すれば滝の通過が困難になる。二〇一九年三月九日、黒木は左俣沢を滑降する厳冬期最後のチャンスだと思っていたのではないか。

ピットチェックを行ない「積雪は安定している」と誤認したのか。左俣沢を滑降したいから、ピットチェックの評価を甘くしたのだろうか。

山崎に尋ねた。

「爼嵓《まないたぐら》の山頂直下に幅一〇メートル、奥行き五メートルのテラスがある。この下はボール状の地形になっている。ここでピットチェックのために雪を掘っても、深い位置まで掘ることができない。吹きだまりのため積雪が深い。黒木君は深い場所にあった弱層に気がつかなかったのではないか」

もしそうだとしても二〇一九年三月九日は、雪崩リスクが非常に高い日だった。黒木に誘わ

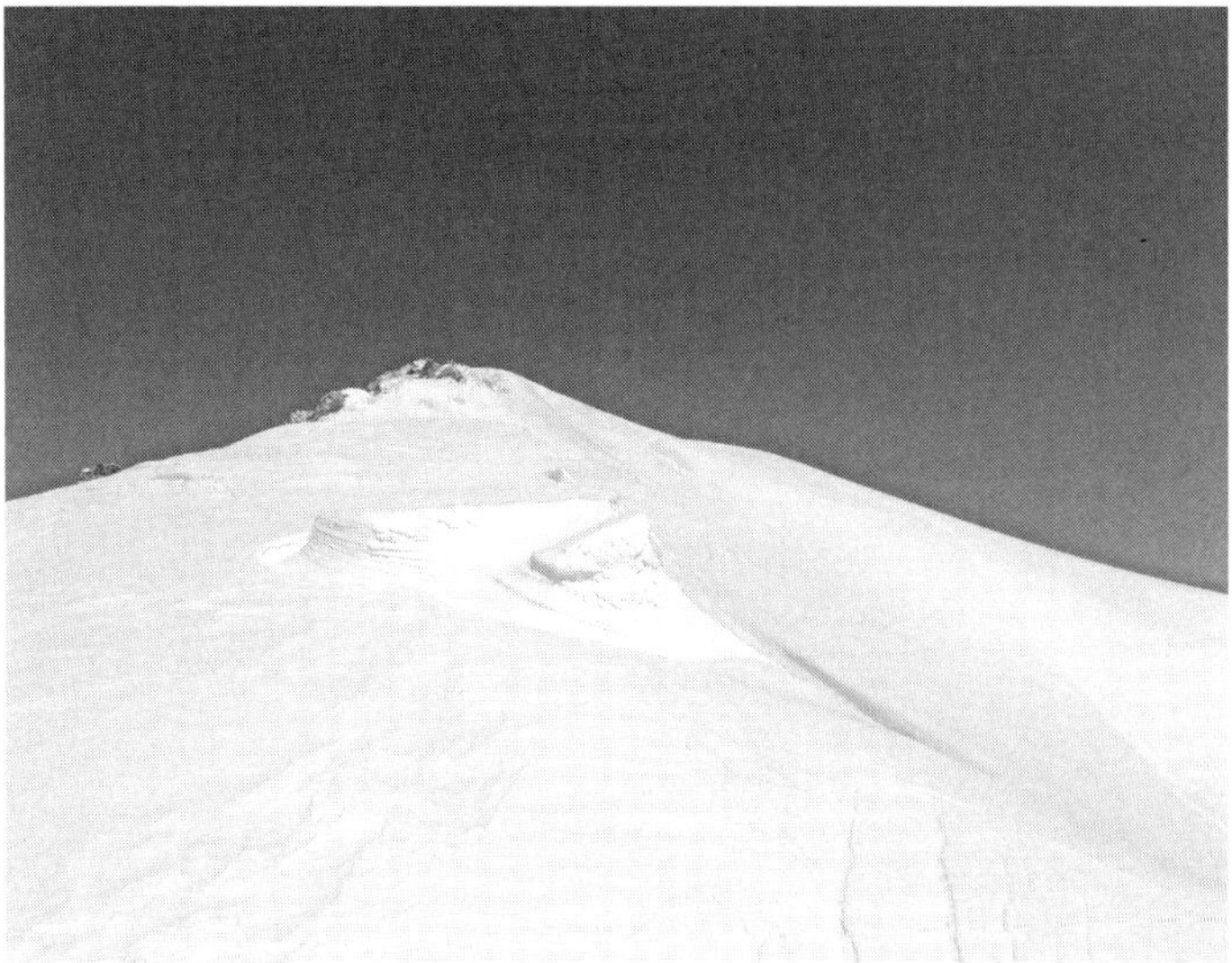

2019年4月13日、硫黄沢左俣上部から燧ヶ岳を望む（写真提供＝藤澤孝安）

れた三名の友人は、ことごとく同行を断っている。理由は雪崩の危険が非常に高かったからだ。

私は山崎に尋ねた。

「もし黒木さんが単独で行っていなかったら、結果は違っていたと思いますか？」

「正直分からないと思います」

「なぜですか」

「本人を説得するのがけっこう大変でしたので、あのときいっしょに行っていたら、私も雪崩に遭ったのかなという感じがしました」

友人たちの思い

藤澤は消防、警察などの救助隊に同行し、雪上車で山へ入った。福島県警のヘリが燧ヶ岳山頂方向へ飛んでいくのを見上げた。そして黒木を発見したという情報が、無線で伝えられた。

「聞くのが怖くて、命は助かったんですかと聞いたら、〝申し訳ないですけど心肺停止でした〟。その話を雪上車の中で聞きました。涙が出ましたね。ひたすらつらかったです」

藤澤に、いつか黒木が雪崩事故に遭遇することを予感していたのかと尋ねた。

「けっこうソロで深いところを滑っている。大丈夫かなという気持ちは正直ありました。ここを一人で行くの？　というような所をけっこう滑っていたんで心配をしていました。本人は絶対に死にたくないと言っているんですけど……。事故があって助けられなかったということ。この三年間苦労しました。ほんとうに苦しかった。正直、嫌です。ほんとうに助けられなかったというのはつらい。そこがちょっと変わりましたね。山へ行く気持ちが。もっと慎重になりました。このとき以上に」

北アルプス・白馬乗鞍岳裏天狗の雪崩事故

2020年2月28日

スノーボーダーが雪崩に埋没、三時間一分後に無事救出された事例

確実にやばい雪

日本山岳ガイド協会のスキーガイドⅡの検定試験を受けるガイド八名と国際山岳ガイドの検定員二名が、二つのパーティに分かれ、白馬乗鞍岳裏天狗周辺で行動していた。検定は受験するガイドたちがガイド役、客役を交代しながら白馬の山域で十日間連続して行なわれる。検定では、雪崩に巻き込まれた人の捜索と救助を行なう能力、積雪安定性を調べる能力、雪山でのロープワーク、ガイドとして雪山で必要な技術、判断力、行動をトレーニングしつつ評価される。十日間の検定により、一定の能力を身につけたガイドがスキーガイドⅡとして認定される。

二〇二〇年二月二十八日、検定三日目。栂池高原スキー場から白馬乗鞍岳裏天狗を目指していた検定パーティが、雪崩事故を目撃した。

そのパーティの検定員は国際山岳ガイドの黒田誠（46歳、長野県小谷村在住）、ガイド役はスノーボーダーの高田健史《けんじ》（33歳、北海道京極町在住）。客役は双樹智道《そうじゅともみち》（36歳、札幌市在住）、渋澤暉《ひかり》（25歳、長野県信濃町在住）、石川和博（47歳、北海道倶知安町在住）の計五名パーティだった。もう一つのパーティの検定員は国際山岳ガイドの佐々木大輔（43歳、札幌市在住）とガイド四名の計五名。

二つの検定パーティは栂池高原スキー場ロープウェイ自然園駅を降り、黒田のパーティは白馬乗鞍岳裏天狗を目指した。佐々木のパーティは鵯峰《ひよどりほう》を目指した。

裏天狗を目指したパーティのガイド役高田が、先頭でラッセルしていた。

「足裏が気持ち悪い。雪が変だ」

高田は裏天狗へ登る斜面の途中でピットチェックを行なった。

二日前に南岸低気圧が太平洋側を通過、雪崩の弱層になる降雪結晶が降っている。そして通過後に二日間、吹雪が続き、積雪が五〇〜六〇センチ増えていた。予想どおり、簡単に破断する弱層が二つあった。

表層一四センチはウインドスラブに近い新雪。その下四八センチはさらさらとしてすかすかの雪。その下に降雪結晶の弱層があった。シャベルコンプレッションテストで破断したのは、表層から一四センチの層とさらさら・すかすかの雪の境界、表雪面から六二センチ下にあった降雪結晶の層だった。

「雪崩リスクのことを考えなければ滑って楽しい雪だ。でも急斜面、吹きだまりができる風下斜面を滑ったら、確実にやばい」

高田は雪崩の危険度が高いと判断した。検定を受けているなかで最年少の渋澤の認識も同じだった。

「大きな斜面で大きな衝撃を与えれば、大きな雪崩が起こり得る」

ガイドたちの認識は、今日の雪は「やばい雪」、「今日は危険」で全員が一致していた。

プロスノーボーダーの二人連れ

スプリットボードの二人連れが、ピットチェックをしていた高田たちを追い抜いた。

「おはようございます。今日は暑いですね」

大町市に暮らすプロスノーボーダーであり、自分のブランド「アウトフロー」を持つ西山勇《ゆう》

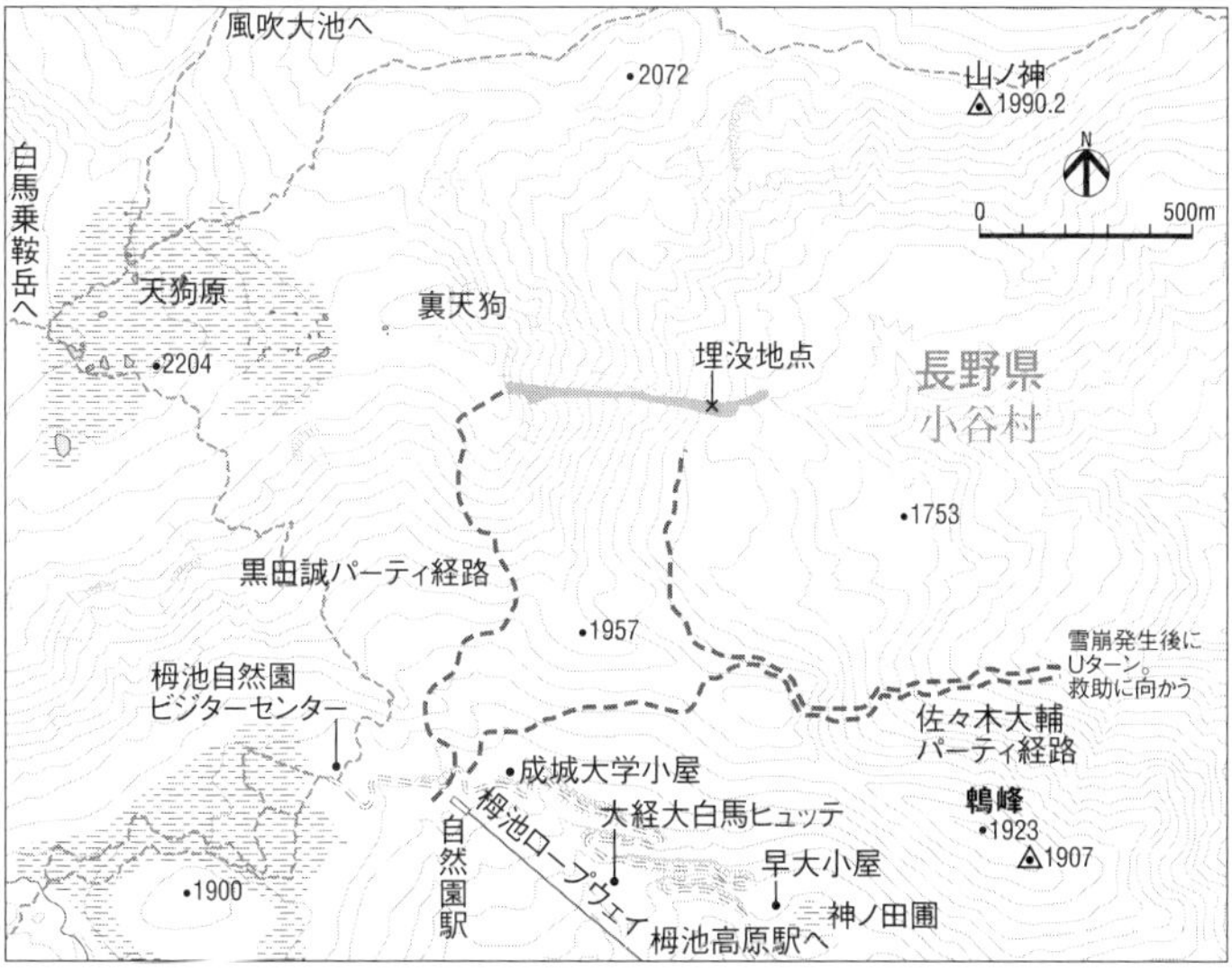

裏天狗周辺図。A班（検定員黒田）、B班（検定員佐々木）。雪崩発生後、A班は捜索を実施。B班はデブリ末端付近で合流し、捜索に加わった

（44歳）が高田に挨拶をした。服装から、二人がやんちゃな〝横乗りライダー〟に見えた。

渋澤の印象だ。

「地元民の雰囲気があった。地元の山をよく知っていて、この辺をけっこう滑っているにちがいない。ライダーの服装がイケイケという感じだ。かなりうまい人たちだろう。二人は登りもサクサクと速い。二人はどこを滑るのだろう。緩斜面の滑降で満足しないはずだ」

西山の同行者は地元、小谷村に生まれ小谷村に暮らすプロスノーボーダーの澁谷謙（42歳）。歩き出したとき、鵯峰《ひよどりほう》北斜面を滑るつもりだった。しかし、谷が雲に包まれていた。見上げると裏天狗方面は雲が切れ、青空が広がりはじめていた。光がない暗い斜面を滑るより、明るい斜面を滑りたかった。澁谷が見たネット交流サービス（SNS）では、雪崩の危険がかなりあるという情報がいくつも投稿されていた。しかし、場所を選べば大丈夫と思っていた。

澁谷は焦っていた。五人もの先行者がいる。ほかにも先行者がいるだろう。雪が少ない冬だった。この日、栂池高原スキー場の山麓では積雪一〇センチしかなく、まとまった雪が降ったのは一カ月ぶりだった。この冬、パウダーを滑る最後の日になるかもしれない。ファーストトラックを刻みたい澁谷と西山。二人は焦っていた。

真逆のベクトル

西山がスノーボードブランド「アウトフロー」を始めたのは三十歳の時。プロライダーと自分のブランドの経営を両立させるのは大変だった。それでも一シーズン七十日から八十日は滑り、三分の一はバックカントリーだった。三十歳後半になると滑る日数が徐々に減り、六十日くらいになった。二月は一年でいちばん忙しい時期だ。来シーズンモデルの展示会が横浜で行なわれ、人前で話すのが不得意なのに一年でいちばんしゃべらなければならない。しかも不慣れな都会。帰ってくるとサポートを受けているウエアメーカーのツアーが週末にあり、六十人ほどの客といっしょに滑った。翌週は自分のブランドの試乗会が開催される。疲れているのでひと息入れたい。日本海へサーフィンに行こうと思っていたら、夜十時ころ、澁谷からバックカントリーの誘いの電話がかかってきたのだ。

「明日、山の雪はいいかもよ。パウダーを滑れるのは今シーズン最後になるかもしれない」

澁谷の誘いに乗った。バックカントリーへ行くのがシーズン初めてになる。海へ行こうとしたベクトルが、真逆の山へ行くことになったのだ。西山は山へ行く気持ちが整っていなかったという。

「久しぶりにパウダーを滑れるぞ。カメラマンがいない。セッティングする必要もない。自分たちでいい雪を滑ろうよ」

西山は、気軽な気持ちで入山した。だからなのか、雪崩トランシーバーをチェックするため駐車場で電源を入れたのに切ってしまっていた。理由は、電池がもったいないと思ったからだ。

「電池がもったいない」

なんでそんな馬鹿げたことを考えたのか。西山自身も不思議に思っているが、バックカントリーを滑りにいくのがシーズン初めて、海へ行く気持ちだったのに山へ行ったことが影響している。西山たちは、スキー場で滑っているとき、雪がよければちょっとだけコース外を滑降することが多いという。そのため、コースを外れるときに雪崩トランシーバーの電源を入れる。

澁谷と滑るときは、滑る直前に雪崩トランシーバーのチェックをするのが習慣だった。

十一時四十分、雪崩発生

高田は裏天狗の山頂稜線まで登り、緩斜面を滑ろうと考えていた。稜線に着くとボーダーの西山がちょうど滑り出そうとしていたが、澁谷の姿はすでになかった。

「こんな所（風下の急斜面）を滑るんだ」

裏天狗の東斜面は地形図を見ても等高線間隔が狭く、急斜面であることがはっきりしている。

稜線付近の破断面。降雪結晶が降ったあと、2日間強風が吹き、50センチの降雪があった（写真提供＝渋沢暉）

高田たちガイドには、この斜面を滑るという選択肢はなかった。

渋澤は前から三番目を歩いていた。西山が滑ろうとしている斜面の雪崩リスクが高いことは、ピットチェックからも地形図からも分かりきっていた。滑ろうとしている西山のことが気になる。

「そこを滑って大丈夫?」

とっさに西山が滑ろうとしていた東斜面が見える位置まで行き、斜面を覗き込んだ。覗き込んだ瞬間、雪煙がぶわっーと舞い上がった。もくもくと雪煙が盛り上がり、高さは一〇メートルを超えた。雪崩と雪煙が猛烈なスピードで東斜面を流れていく。東斜面全体が雪煙に覆われ見えなくなった。

尋常な雪崩ではなかった。

「すごいパワーを感じる雪崩だ。巻き込まれたスノーボーダーはどうなっているのだろう」

渋澤は、雪煙が収まるまで東斜面を見続けた。東斜面が見えるようになってもスノーボーダーの姿はどこにも見当たらない。

「雪崩れました!」

すごい雪崩を目撃して興奮した渋澤は、最初に検定員の黒田に報告した。黒田は「あぁそう

稜線から見た雪崩走路。澁谷は右手の尾根の右側斜面を滑降した。雪崩の末端は見えていない。雪煙が収まり雪崩末端付近が見えてきた（写真提供＝渋沢暉）

か」という感じで素っ気ない。ガイド役の高田に報告しても「あっ、そう」という静かな反応で驚かない。興奮しているのは、雪崩発生の瞬間を目撃した渋澤だけだった。

十一時四十分雪崩発生

裏天狗東斜面、西山は稜線からノール地形（凸状地形）になっている風下の急斜面へ滑り込んだ。

「よい雪じゃん」

滑り出しの第一印象はよかった。滑り込んだ斜面は風が当たり、雪の表面がパックされ硬くなっていた。だが、事態が激変する。

「（雪に）風が当たっているから〝パリパリ〟と雪がエッジにくっつく感じがした。ツルツルと行って一つ目のバンクがあったので、ツーサイドからつま先で入っていこうとフロントターンを当てたと思ったんですけど、なんかパリパリと雪がエッジにくっつくような感覚だった。エッジに氷でも付いていたかなと思った。そのとき、なんか嫌な感覚が。パリパリという感じ。とにかく滑らない雪だなという感覚でした。小さなフロントバンクに失速気味に行ってなんとか当てた。スピードがないなぁ……と思いながら、ヒールサイドを当ててふっと後方

雪崩は標高差360メートル、長さ550メートル、幅は最大で25メートル。雪崩の原因の弱層は降雪結晶だった（写真提供＝渋沢暉）

を見たら雪煙が見えた」

西山が雪崩に気づいた瞬間だ。雪崩の雪煙が襲いかかってきた。

「あれっ！　と思った瞬間、足元からどーんともっていかれました」

西山は転倒、流されはじめる。

「周囲は雪煙でぼわーっと真っ白な状態。自分で何もできなかった。真っ白な濁流の中を落ちている状態。ただ両手を広げ、バランスを取って流されていた。下からどーんと突き上げられ、前転しました」

そのため、頭を斜面下方にして流されはじめた。頭を上方に戻したかったが、どうすることもできない。ただただ、雪煙を見ているだけだった。再び地形の起伏があり宙返りした。おかげで足を下方に、頭を上方の体勢に戻すことができた。西山は雪崩に流されている自分の状況がどうなっているのかわからない。〝絶対に逃れられないジェットコースター〟に乗っているみたいだと思った。

「わぁー、わぁー」

叫んだところでなんの役にも立たない。西山は絶体絶命だ。

〝ギューッ〟と雪の動きが止まった。そのあと背中に〝グーッ、グーッ〟とデブリの圧力がかかってきた。動こうとしてもがっちり固まった雪の中に埋もれてしまった。両手の指先だけが、わずかに動くだけだ。

「身動きできないとは、このことか」

全身がデブリに圧迫され、呼吸をしようとしても肺が拡がらない。非常に浅い呼吸しかできなかった。ゴーグルが外れた顔の前に一〇センチほどの隙間、〝エアポケット〟があった。デブリから脱出したい。全力で体を動かそうとすると、一瞬にして心拍数が上がり、〝ドクドクドク〟と心臓が高鳴る。もがけばもがくほど窒息が早まるだけだと悟った。

西山は両手を広げ、腰掛けているような体勢で埋没していた。右手に撮影棒に付けたゴープロ（ビデオカメラ）を持っていたため、雪の中にゴープロが引き込まれ、右腕が捻り曲げられていた。足元が明るく見えていた。明るく見えているのは雪面。雪面が足元の先にあると思った。しかし、それは錯覚。西山の方向感覚は失われていた。雪面は、頭上にあった。

「やばいなぁ」

と、考えただけで、心臓はドクドクドクと高鳴り心拍数が上がる。

「やばいと思ったらダメだ。絶対に大丈夫だと思うことにしよう。僕は雪崩トランシーバーを持っている。スイッチを入れている。謙君が助けてくれる。とにかく大丈夫だ。絶対大丈夫だ。

もうすぐ助けに来てくれる……」

西山は意識を失った。


「おかしい、勇君が下りてこない」

澁谷は、すでに裏天狗東斜面に先行者のトレースが刻まれているのを見ていた。そのトレースを見て思った。

「（滑降は）雪崩になんの影響もなさそうだ」

稜線から、西山が滑る予定の斜面の南側に尾根が延びている。その尾根の南側から東斜面に澁谷は滑り込んだ。スキーヤーズライト側からスキーカット気味に入り込み、雪をチェックしつつそのままフォールラインに沿って滑降した。

「実際、雪はすごくよかったです。悪くない」

ところが、下るにつれ感覚的に嫌な感じがしてきた。スキーヤーズライト側に尾根があったので尾根に乗った。そして尾根の右側斜面を滑り下りた。緩斜面まで下り、西山が滑り降りてくるはずの斜面を見上げていると雪煙が上がった。雪崩が発生したと思った。

「もしかして勇君が、雪崩に入り込んでいないだろうな」

西山が下りてこない。しばらく待ったが、下りてこなかった。電話をかけてみたが通じない。

「おかしい。勇君が下りてこないのはおかしい」

澁谷はデブリの末端へ様子を見にいくため、歩きはじめた。

十一時五十五分、捜索開始

検定員の国際山岳ガイド黒田誠が、捜索の指揮を高田が執るように指示を出す。黒田はすぐに雪崩トランシーバーを受信モードにし、西山が滑降した斜面右手の尾根上を捜索しながら下ることにした。

雪崩は裏天狗の標高二一五〇メートルで発生し、雪崩末端の標高は一七九〇メートル。標高差三六〇メートルを流れていた。破断面から雪崩末端までの長さは五五〇メートル。幅は狭く、最大で二五メートル。デブリ末端上方に灌木が生えている緩斜面があるが、その先の急斜面下まで流れ下っていた。デブリが溜まっている場所は、緩斜面とデブリ末端付近だった。

高田は稜線から、雪崩れた東斜面を一望した。デブリの末端が見えないが、雪崩の標高差といい長さといい雪崩の規模がかなり大きい。これはけっこうまずい。巻き込まれた人を早く助けないと、死亡する可能性が高いと思った。

捜索・救助に協力したスキーヤー三名

裏天狗山頂に三人のスキーヤーがいて滑降の準備をしていた。高田たちが捜索しているとき、この三人が東斜面を滑降し、雪崩を誘発すると危険だ。黒田に指示され、渋澤が一人で滑降しないよう協力を求めにいった。

「今、東斜面で雪崩が発生し、人が埋まっているかもしれない。滑るのをやめてください」

渋澤には、三人が〝滑りたいのになんでやめなければいけないんだ〟という受け止め方をしているように思えた。

「これから私たちが捜索、救助に入ります。上から人が滑り込むと危険なので待っていただけませんか」

〝雪崩れた斜面の脇を滑れば大丈夫だろう〟と考えているようだった。なかなか滑降の中止要請に応じてくれない。三人がいる場所からも雪崩の破断面が見えていた。破断面を指さし、渋澤が言った。

「ここは雪崩れたばかりで下に人がいるかもしれない。ぼくは雪崩を見たんです。滑るのをやめてください！」

ようやく三名は納得。

「僕らに手伝えることがありますか?」

彼らから、申し出があったという。渋澤は三人に捜索現場に上から人が入ってこないよう、見張り役を依頼。お互いの携帯番号を教え合った。

四名のガイドの捜索

高田は客役のガイド三名に雪崩トランシーバーを送信から受信に切り替えさせ、受信モードを確認。二人一組で稜線から滑り下りながら捜索するよう指示を出した。

客役の渋澤と石川が先行し、高田と双樹《そうじゅ》が後続。高田が最後尾となって捜索全体の動きを俯瞰する。捜索を開始し、人がひっかかりそうな樹木があれば、高田と双樹が根元周辺をスポットプロービングした。このようにして四名で稜線からデブリ末端まで雪崩トランシーバーの捜索を終えた。しかし、西山の雪崩トランシーバーの発信信号を捉えることはなかった。

四人の先頭になり雪崩トランシーバーで捜索をしていた渋澤が、デブリ末端に到着しようとしていたとき、歩いてくる澁谷の姿を見つけた。さっき出会った二人組のスノーボーダーの一人だと気づいた。澁谷はなにか困っている感じが漂い、歩く感じもとぼとぼ自信なさそうだった。渋澤が澁谷に大声で叫んだ。

「お仲間の方はいらっしゃいますか？」

「いないです」

「ビーコンは着けていらっしゃいますか？」

「ビーコンは持っています」

「朝、ビーコンのチェックをしましたか？」

「チェックをしていないです」

「チェックしていない」と聞き、渋澤は西山が雪崩トランシーバーの電源を入れ忘れていると思った。高田に大声で報告し、高田が無線で黒田、佐々木に報告をした。


　雪崩トランシーバーを持っているのに信号が捉えられないなら、西山が電源を入れ忘れているか、故障しているかだ。捜索している黒田と高田たちは、デブリから脱出した西山のトレースを発見していない。西山が雪崩に巻き込まれ、埋没していると判断せざるを得なかった。西山はデブリに埋まっている。だが、雪崩トランシーバーを使った捜索が不可能で、プローブ捜索しか西山を発見できる方法がない。高田は、ほんとうにまずい事態になってしまったと思っ

デブリ末端付近の緩斜面。画面左側の中央付近に西山が埋没していた

デブリ末端付近の緩斜面。ここを5名、5名の2班体制でスラロームプロービングを行なった（写真提供＝渋沢暉）

たのだった。

十二時十四分、大町警察署へ通報

国際山岳ガイドの佐々木大輔が検定員を務めている五名パーティは、雪崩現場から下方に四十分ほど離れた谷の中にいた。無線で佐々木、黒田、高田は交信を重ね、情報を共有していった。佐々木パーティの4名は、高田パーティに合流して捜索に参加。佐々木は捜索するガイドたちの安全を確保するため、デブリから離れた小高い場所で見張りにつくことになった。そして、警察や関係者への連絡役になった。警察へ通報するには、遭難者と同行者の氏名が必要だ。佐々木が無線で黒田に問い合わせた。埋没しているのが西山勇、同行者が澁谷謙と分かった。二人は佐々木の五、六年来の友人だったのだ。

友人の西山が埋没している事実は衝撃的だった。この衝撃的な事実を知った佐々木はできるかぎりのことをやり、西山を助けたい。西山は一年ほど前に結婚したばかりだった。西山の妻の携帯番号を知らなかった。まず警察へ通報。西山の妻へ連絡するため、佐々木と西山、共通の友人たちへ連絡を開始した。

スラロームプロービング。〈①〉両手を広げた間隔で並び、リーダーが「右」と号令、右へ移動してプローブを刺す。〈②〉「左」と号令して左へ移動、プローブを刺す〈③〉「前」と号令して移動する。全体の流れは、右、右、前、左、左、前、右、右とスラロームするように移動する

十二時二十五分、スラロームプロービング開始

雪崩に埋没し、生存の可能性が高いのは、埋没後十八分までだ。十八分後までに救出すれば、約九〇パーセントの人は生存している。時間の経過とともに生存率は低下し、一時間後には約二〇パーセントに下がる。しかし、「エアポケット（呼吸空間）」があれば、生存できる。雪崩の死亡原因はほとんど窒息だ（参照『増補改訂版　雪崩教本』１１３ページ、山と溪谷社）。

高田は、絶望的な気分に陥っていた。雪崩の規模が大きいのに埋没している可能性が高い範囲を絞りきれていない。デブリが溜まる場所である樹木や岩のある場所が埋没可能性が高いのだが、すでに高田たちはデブリ末端まで下っている。今から破断面まで登り返し、再捜索することはできない。デブリの堆積が多い緩斜面と緩斜面の下方、デブリ末端をスラロームプロービングで捜索するしか生存救出の可能性は残されていなかった。

世界最新の捜索法「スラロームプロービング」

スラロームプロービングは、短時間に広範囲を捜索できる世界最新のプローブによる捜索方法だ。開発したのはマウンテン・セーフティー・ドット・インフォ（国際ＮＧＯ団体、本部スイス）のマニュエル・ゲンシュワインたちのグループだ。日本雪氷学会北海道支部「雪氷災害

調査チーム」と雪崩事故防止研究会は、二〇一五年十二月マニュエル・ゲンシュワインを札幌に招聘。雪崩サーチ＆レスキュー（ＡｖＳＡＲ＝アブサー）の講習会を開催した。山岳地帯で起きた雪崩事故の現地調査のため、所属ガイドは研究者をサポートして連れていく。「雪氷災害調査チーム」の安全を守るため、最新の捜索救助法を学び、身につける必要があった。私は、「雪氷災害調査チーム」と「雪崩事故防止研究会」の代表を務めていた。

続いて二〇一六年、一七年、一八年と四年連続してマニュエル・ゲンシュワインを招聘。二〇一七年から、雪崩事故防止研究会が主催者となり、ＡｖＳＡＲ（アブサー）講習会を開催していた。高田、双樹、渋澤、石川はＡｖＳＡＲ（アブサー）講習会に参加し、佐々木は講師を務めていた。

マニュエル・ゲンシュワインが教えたスラロームプロービングを知っているガイドが、十名のガイドのなかに五名いた。捜索に協力したスキーヤー二名、澁谷、そして黒田に高田と石川がスラロームプロービングを教えた。

検定試験中のガイド九名、たまたまい合わせたスキーヤー二名と澁谷、合計十二名。高田が二パーティに分かれ、スラロームプロービングによる捜索を開始することを命じた。

スラロームプロービングの捜索開始、十二時二十五分、雪崩発生から四十五分が経過していた。

偽のプローブヒット

両手を広げた間隔で捜索する者が一列に並んでラインを作り、左端に立つリーダーが号令をかける。

「プローブ、前、右、右、前、左、左、前、右、右……」

整列を終えた最初の「プローブ」の号令、移動方向の号令、「前」、「右」、「左」がかかるたびにプローブを一・五メートルの深さまで刺す。生存可能性が乏しい一・五メートル以上の深さの捜索は行なわない。

緩斜面を捜索していた高田のパーティでプローブがヒットした。何か硬い異物に当たったのだ。

「出てきてくれ」

みんなは祈るような気持ちで一・五メートルの深さまで掘った。だが、出てきたのはダケカンバ。ヒットは〝偽〟だった。

十三時過ぎ、長野県警航空隊のヘリが飛来した。上空から捜索を行なうため、地上の者たちが待避する。ヘリから西山の体の一部、帽子や手袋などの残留物も発見できなかった。燃料を補給するため、いったん県警ヘリは現場を離れ、スラロームプロービングが再開された。

再び、プローブヒットがあった。

「もしかしたら木じゃないか」

高田は、そんな予感がした。一・五メートルまで掘ったが、今度も出てきたのはダケカンバだった。雪崩発生から二時間が経過している。

「二時間埋没していたら、生存の可能性は少ない。諦めの気持ちが半分、確実にありました」

偽ヒットは、捜索する人を体力的にも精神的にも消耗させた。

十四時三十一分、捜索終了時間の決定

雪崩の現場から街へ帰るには、約三時間かかる。稜線までの登り返しに一時間強。そこからスキー場に戻るのに一時間弱。スキー場を下るのに三十分から四十分。その日の日没時間は十七時半ころ。検定員の黒田が、下山開始を雪崩発生から三時間五分後の十四時四十五分と決定した。翌日の捜索は警察や遭対協に任せるしかない。

翌日の捜索のため、デブリ範囲、捜索が終了した範囲に目印を設置するよう指示が出された。

佐々木は、友人である西山の捜索にもっと粘ってほしいと思った。スラロームプロービングによる捜索ができていないのは、幅一五メートル、長さ五〇メートルの範囲だった。二十分もあれば捜索は終わるだろう。

渋澤も捜索終了時間が早すぎると思った。まだ、西山が生きている可能性があるはずだ。

「雪崩を目撃したときから、自分にできることを淡々とやってきた。検定員から指示された以上、下山しなければならない。明日の捜索のために最後まで粘り強く、やりきろうと思いました」

渋澤のアウタージャケットのポケットにピンクテープが、偶然入っていた。そのピンクテープはルートの目印として木の枝などに付けられ、山に放置されていたものだ。登山者が勝手に取り付けたピンクテープは道迷いの原因になり、〝山のゴミ〟でもある。渋澤は、ピンクテープが目につくと回収しているのだという。

捜索終了時間が決定されたころ、十名の外国人パーティが現場にやってきた。彼らはエヴァーグリーン・アウトドアセンター（白馬村）のＡｖＳＡＲ（アブサー）講習のツアーに参加した外国人ガイドだった。捜索に協力したいと申し出があった。

十四時四十一分、西山発見

十四時四十五分に捜索を終了、下山することが決まった。しかし、高田は西山の生存をあきらめて下山したくなかった。下山するぎりぎりまで捜索をしたい。ほかのガイドたちがデブリの範囲、捜索した範囲、捜索していない範囲にピンクテープを木の枝に結びつけた標識を設置している。その間、高田、澁谷、双樹、渋澤らが捜索を続行。佐々木が見守った。

高田のプローブが何か硬い物に当たり、〝カツン、カツン〟と音を立てた。また、ダケカンバに当たったかもしれないと高田は懐疑的だった。

「また木ですよね。外れですよね」

同意を求めるような目で佐々木を見た。〝カツン〟という音は佐々木にも聞こえていた。

「そこだ、掘れ！」

「硬い板にぶつかった音だ。そこだ！」

佐々木はスノーボードの板に当たったと確信した。

佐々木に「掘れ」と言われた高田は、はっとした。ヒットした埋没深を確認すると五〇センチだった。五〇センチならすぐ掘れる。

佐々木、高田が先頭に立ち、渋澤ら三名が後ろに一列に並び、前の人が掘った雪を後方に送るスノー・ベルトコンベヤ・シャベリングを開始した。

西山が雪崩に埋没してから、三時間一分が過ぎていた。

十四時四十三分、生存確認

掘ると最初にスノーボードの板が現れた。西山が埋没しているのは確実だ。頭部の位置を推測し、佐々木が猛烈な勢いで掘った。掘っているとポロッと硬い雪のブロックが取れ、空間が現れた。西山の顔が見えた。

「顔が出たぞ！」

佐々木が叫んだ。西山の顔にチアノーゼが現れ、土色をしていた。佐々木には生きている人間の顔色に見えた。しかし、西山に意識はなく、反応がない。

「あっ、エアポケットがある。助かるかもしれない」

体の掘り出しに取りかかった。

「うー、うー」

西山が苦しそうな声を出した。いちばん近くにいた佐々木に聞こえた。口から、泡を吹いた

プローブが硬い板に当たって「カツン」と音がした。「掘れ！」、佐々木が叫び、猛烈な勢いで掘りはじめた（写真提供＝エヴァーグリーン・アウトドアセンター）

埋没から3時間１分後に西山が救出された。徐々に呼吸が大きくなり、声を出すようになった。西山（中央）の眼に命の輝きがあった（写真提供＝エヴァーグリーン・アウトドアセンター）

ような〝よだれ〟が溢れていた。

「生きているぞ！　生きているぞ！」

周囲の者に佐々木が叫ぶ。

佐々木のすぐ後ろで掘っていた渋澤も西山の顔を見た。

「ほんとうに真っ黒な顔色でした。意識もなかった。正直、生きていると思わなかった」

意識がなく、どす黒い顔の西山。だが、佐々木は生きていると判断している。

「勇君、助かったぞ！」

西山に声をかけていた。佐々木が生きていると判断しているなら、生きているにちがいない。

渋澤は全力でシャベリングを続けた。すると西山が苦しそうに顔をゆがめるのが見えた。

「生きている！」

渋澤も生存を確信した。

西山は座っているような体勢で埋まっていた。スノーボードの一部が深い所に埋まっていたため、西山を救出するにはかなり深く掘る必要があった。

澁谷が西山の顔を覗き込むと、目に生命感があるように見えた。

「この人、助かっている。勇君、すげーなー」

西山の目を見た澁谷は、めちゃくちゃうれしかった。佐々木は澁谷に励ましの声をかけ続けるよう指示をした。

「勇君、出られるよ」

「大丈夫だよ」

「助かったぞ」

「もう少しで、体を全部出してあげるよ」

プローブで捜索中、悲観的なことばかりを考えていた澁谷。

「休憩しても落ち着かない。休憩なんかしないで早く捜したい。焦るばかりでした。結婚間もない奥さんに申し訳ない。もし勇君が死んだら、雪山のスノーボードはもうやめようと思いました」

頭部が出たとき、すごく弱い呼吸だった。呼吸空間が広がると、少しずつ、少しずつ強く息をしはじめた。

「勇君、助けるぞ」

佐々木が呼びかける。

「うー、うー」

と反応するようになった。

「これは助かるぞ」

ザックをなかなか外せなかったが、佐々木がショルダーストラップをナイフで切断して外した。スノーボードも外せた。掘りはじめてから七、八分、西山の全身を掘り出すことができた。

十四時四十三分、長野県警へ通報。

「生きています。すぐ病院へ搬送してください。ピックアップをお願いします」

燃料補給のため松本空港へ帰ろうとしていた県警ヘリが、現場へ戻ることになった。

保温と加温

掘り出しの途中で佐々木が指示を出す。


一・雪中から救出した西山を寝かせるための平らな場所を作れ。

二・保温するためのマット、ツエルト、防寒着を準備しろ。

三・加温するためソフトボトルで湯たんぽを作れ。

ガイドたちと長野県警の連携がうまくいったことが生存救出に繋がった。ホイスト装置で隊員と西山を吊り上げヘリに収容する（写真提供＝エヴァーグリーン・アウトドアセンター）

誰が、何を担当するのか。いっさい指示はなかった。外国人十名は全員がガイド、雪崩の捜索救助の訓練を受けていた。言葉が通じなくとも、日本人ガイドも外国人ガイドもそれぞれが自分の役割を理解し、実行した。

全身を掘り出した。ツエルトを広げた場所まで、佐々木の号令で日本人ガイドと外国人ガイドが協力して動かした。

「スリー、ツー、ワン！」

このとき、澁谷は両足を抱え、高く持ち上げてしまう。冷えた血液が両足から一気に心臓に流れ、ショック症状を起こす危険性があった。低体温症になっている雪崩遭難者にしてはいけない行為だ。救助の訓練を受けていない澁谷は低体温症の知識がない。「助けたい」という強い思いがそうさせた。幸い、西山にショック症状は出なかった。

西山をツエルトで包んだ。高田が、みんなから集めた防寒着で覆う。双樹が外国人ガイドから提供されたお湯で湯たんぽを作った。一人のガイドが湯たんぽを三個、両脇下、腹部に差し入れた。

「もう大丈夫だからね。帰れるんだからね」

佐々木が西山に語りかけた。

十五時、長野県警ヘリに収容

埋没してから三時間一分、西山勇はスラロームプロービンで発見救出された。これが世界で初めてのスラロームプロービングによる生存救出事例になった。十五時、長野県警ヘリに収容され、信州大学附属病院へ搬送するため飛び去った。

捜索の指揮を執った高田が述懐する。

「助かる可能性があるので必死でした。今できる作業をしたり、指示をしたり、西山さんが助かることを祈るというか、助けたいという気持ちでした。正直、僕にとってはすごくよい経験でした。なぜかというと雪崩の捜索救助のトレーニングを欠かさずやっていました。僕が思っていた以上に指示ができたし、動けました。トレーニングをやっていたからだと思う。あとは助けてあげたいという気持ちが前面に出ていた。だからそういった動きができたのだと思います。最後までスラロームプロービングしていたなかに澁谷さんがいた。澁谷さんから、友だちを助けたいという気持ちをすごく感じていました。僕も心から西山さんが助かってよかったと思いました」

高田は長野県警ヘリが飛び去るのを見届けた。

「これで西山さんが助かったと思いました。かなり緊張がほぐれてうれしかった」

高田は澁谷を抱きしめた。

「お疲れさま」

高田の目に、涙が滲んだ。

体温三十度C、西山の覚醒

西山勇が搬送されたのは信州大学附属病院。目を開けるとたくさんの白衣を着た人に囲まれていた。みんなすごく忙しそうに動き回っていた。着衣ははさみで切り裂かれ、真っ裸。たくさんの管が体に繫がれている。

「勇《ゆう》さんですよね」

親しげに白衣の男性が話しかけてきた。

「えっ？」

確かにどこかで見たことがある顔だった。

「あなたを知っていますよ。何回かいっしょに滑ったことがあります。雪崩事故で今、ヘリで運ばれて来たんですよ」

西山の意識はずっとなかった。おぼろげに意識を失ってからの記憶が浮かんでくる。大勢の人が掘り出してくれるシャベルの音、ワァー、ワァーとあっちだこっちだと言っている声、なんとなく助けてもらっているような安心感を無意識だが感じていた。次は轟音。轟音はヘリの音だったのか。

朦朧としながら記憶をたどっているとガタガタ、ガタガタ、体の痙攣が始まった。全身が非常に激しく痙攣した。白衣の男性が主治医だった。

「運び込まれてきたとき、勇さんの体温は三十度Cでした。あと一度か二度下がっていたら脳がやられ、やばかったですよ。今、体温が戻っているので痙攣するのです」

医師たちは西山の全身を温かいエアバッグで包み、加温をはじめた。

全身の痙攣は、二十分ほど続いた。

「勇さん、埋まっているときに息をしていましたか?」

「えっ?　息をしていたから今、生きているんですよね」

「血中の二酸化炭素濃度が異常に高いです。呼吸をしていたけど意識を失い、眠っているような状態だったのでしょうね。助かったのは、ギリギリの状態でした」

十七時ころ、妻が友人の車に乗せてもらい病院に駆けつけた。三時間も雪崩に埋まっているから、ダメだろう。みんな西山が死んでいると思っていた。ところが病院に着いたら、意識が戻っていると知らされた。

「なんだよー、なんだよー」

友人たちが口々に言いながら、妻といっしょに病室に入ってきた。

「みんな、ごめんね」

「よかった、よかった。よかった……」

妻が額から汗を吹き出しながら、しきりと「よかった」と繰り返す。しゃべればしゃべるほど汗が噴き出していた。妻はこの事態に驚愕し、そうとう混乱していたのだろう。

西山は、妻や友人たちにしっかり対応をしないといけないと思い一生懸命に話をした。でも、とても不思議な感覚だった。白馬乗鞍岳裏天狗から信大病院へ、ワープをしてきたみたいだと思った。しばらく状況を理解できず、わけがわからなかったという。

夜になり、澁谷から見舞いの電話がかかってきた。

「勇君、雪崩トランシーバーのスイッチを入れていた?」

「えっ、入れていたはずだ」

澁谷から、雪崩トランシーバーの電源が入っていなかったと教えられた。

埋没3時間1分後に生存救出された西山勇

同行者の渋谷謙

西山、渋谷の友人、国際山岳ガイドの佐々木大輔

雪崩発生の瞬間を目撃したスキーガイドの渋沢暉

捜索の指揮を執ったスキーガイドの高田健史

西山は「入れていた」と言い張った。駐車場で雪崩トランシーバの電源を入れ、発信チェックをしてから体に装着した記憶があったからだ。でも、「電池がもったいないと電源を切った」という記憶がよみがえる。滑る前に電源を入れたか思い出せない。澁谷と互いにチェックした記憶を思い出せなかった。

冷や汗が出てきた。

三時間一分、雪崩に埋没したのは、山へ行く気持ちが整っていなかった自分が山に怒られたからにちがいない。

西山は、自分の失敗に呆然とした。

救助の教訓

国際山岳ガイド、佐々木大輔に尋ねた。

——長野県警ヘリに収容される西山さんを見てどう思いましたか?

「県警のヘリに収容されるのを見上げたとき、悲しい思いをしなくてよかったと心底、思いました。やはり下山してから、仲間たち、仲間は勇君と共通の友だちだったし、家族に会うのが怖かった。悲しいことになるのだろうなという思いが、捜索・救助をしているときにずっとあ

2020年12月、雪崩の捜索救助法を学びたいと雪崩事故防止研究会主催の講習会に参加した西山勇。教えるのは救助した高田健史

った。そこがなくなって、ともかく下山してから家族、仲間と笑ってこれからもずっと付き合いが続けられるという安心感があったと思います。もちろん勇君が助かったというのもありますけど、家族と仲間に対して勇君を救うことができたのは僕にとってよかったことです。（電源の入れ忘れは）ギャグじゃなくて、ほんとうに運命的です（笑）」

――捜索救助の方法で、今後に生かしたいことがありますか？

「同じような事故に遭ったときに考える選択肢としてひとつ入れておきたいのは、時間という単位で区切って捜索範囲を決めました。実はあと二十分くらい捜索を続けたら、デブリ範囲のすべてを捜索できるくらいまで、デブリ末端からデブリ上端までスラロームプロービングができていた。あと二十分捜索すれば、われわれはベストを尽くしたことになる。もしあと二十分捜索をして見つからなかったとしても、たとえ勇君が亡くなったとしても、捜索するわれわれの心的外傷後ストレス障害（ＰＴＳＤ）を避けることができる。つまり、捜索のためにベストを尽くしたわけですから。埋没可能性がある範囲を捜索しきれなかったために勇君を助けることができなかったと、自分を責める気持ち抱くことを回避できた。そういった心的外傷後ストレス障害（ＰＴＳＤ）を避けるためには、選択肢としてあと少しの時間で発見できる可能性があるなら、すべての埋没可能性範囲を捜索できるということを捜索の指揮をとる人間が把握し、その上で捜索をやめる、やめないを判断してもいい。捜索救助に当たる人たちのPTSDのことまで考慮して判断すべきです。そこまでを含め、捜索を指揮する人、そこに人を投入する責任がある人は、考えていろいろなことを判断しなければならない。ただその前に自分たちの安全も大事なこと。そのことを忘れてはいけない。

今回の僕の反省点じゃないですが、次に生かしたいことです」

私は佐々木の意見に賛成だ。人を助けることができなかったら、その人は一生自分を責め続ける。私はそれを中国の高峰で体験し、一生苦しんでいる。

私は佐々木大輔とともに第五十一次日本南極地域観測隊セール・ロンダーネ山地地学調査隊のフィールドアシスタントとして三カ月間テント生活を過ごし、スノーモービルでクレバスだらけの氷河を走り、研究者の調査活動を支えた。私たちの任務は、研究者を誰一人ケガをさせず、一人も失わないで日本へ連れて帰ることだった。

私が南極でもっとも心がけたことは、事故が起きたとき、隊員に後悔をさせず、ベストを尽くしたと思わせることだった。たとえ隊員の誰かが死んだとしても誰一人、後悔をさせたくはなかった。

大雪山・上川岳の雪崩事故

コンパニオン・レスキューの成功例、低体温症への保温と加温

2021年2月28日

上川岳東斜面滑降の映像

北海道大学体育会山スキー部の三宅靖風《やすかぜ》（21歳、山スキー部四年目、経済学部三年）は大阪出身。中学、高校は陸上部に所属し、四〇〇メートル走者だった。高校の修学旅行で初めて北海道を訪れ、雪国で落ち着いた雰囲気が気に入った。「北海道で勉強したい」と北海道大学に進学した。北大に入学したからには、北海道らしいことをしたかった。北海道らしいこと、それが三宅にとってはスキーだった。スキーも登山も経験がなかったが、山スキー部に入部した。最初は体力がなく、苦労した。しかし、一年生の冬になるとスキーが楽しくなった。どっぷり

と山スキー部の活動に浸り、一年留年をしたが学生生活に満足していた。
山スキー部を卒部する四年目の春休み、四年目の部員は〝卒業山行〟を計画する。

三宅が週に三、四回通っているクライミングジムで小野守(仮名、47歳)と知り合った。ジムへ行く曜日と時間帯が重なり、いつも小野といっしょになった。小野は夏に沢登り、冬はバックカントリースキーを楽しむ。二人の登山の指向が似通っていたため親しくなった。

二〇二〇年三月、小野が仲間と大雪山の上川岳(一八八四メートル)の東斜面を滑降してきたという。三分ほどに編集し、音楽を付けたドローン映像を三宅に見せてくれた。最初にスキーヤーが上川岳山頂稜線から標高差四五〇メートル、三〇センチほど新雪が積もる東斜面を滑降する。一分四十一秒で東斜面を滑りきった。

次にスノーボーダーの室政孝(44歳)が滑降する。室は上川岳を七回滑降しており、うち四回が単独行。上川岳東斜面をこよなく愛するスノーボーダーだ。室はスキーヤーより直線的に東斜面を攻め、わずか一分六秒で標高差四五〇メートルを滑りきった。東斜面は真っ白で雄大だった。三宅はこの映像に魅了された。

自分も上川岳東斜面を滑りたい。

二〇二一年の春休みの卒部山行で、上川岳東斜面を滑る山行計画を立てた。山行の目的は二つ。一つは黒岳から旭岳への縦走。黒岳から入山し、縦走の最初に上川岳東斜面を滑降する。二つ目の目的は、旭岳北面、ピウケナイ沢にある中岳温泉に厳冬期に入ることだった。上川岳東斜面を滑り、大雪山の雪原の真ん中で露天風呂に浸かる。山スキー部での四年間の活動を締めくくる卒部山行としてふさわしい計画と考え、一年をかけ計画を温めていたのだった。

三宅は留年しているため山スキー部では四年目、経済学部の三年生として在籍していた。春休み期間に就職活動を行なう必要があった。そのため卒部山行に割ける日数がほとんどなく、行動三日、停滞一日、計四日間しか取れなかった。ほかの四年目部員たちは、一週間から十日間の卒部山行を計画していた。その中で三宅の卒部山行は短かすぎた。

二〇二一年初頭、山スキー部を卒部する春山山行としてオンライン例会で計画を発表、メンバーを募った。二〇二〇年は新型コロナウイルス感染症のため、授業はオンラインだけ。クラブ活動も制約され、ルーム（部室）に部員が集まることができず例会もオンラインだけ。山へ行く機会が失われていた。

それでも四年目の部員たちは、それぞれが卒部山行を計画。メンバーを募り、計画を練り上

2021年2月28日の大雪山上空。黒岳（左）と旭岳（写真提供＝北海道防災航空隊）

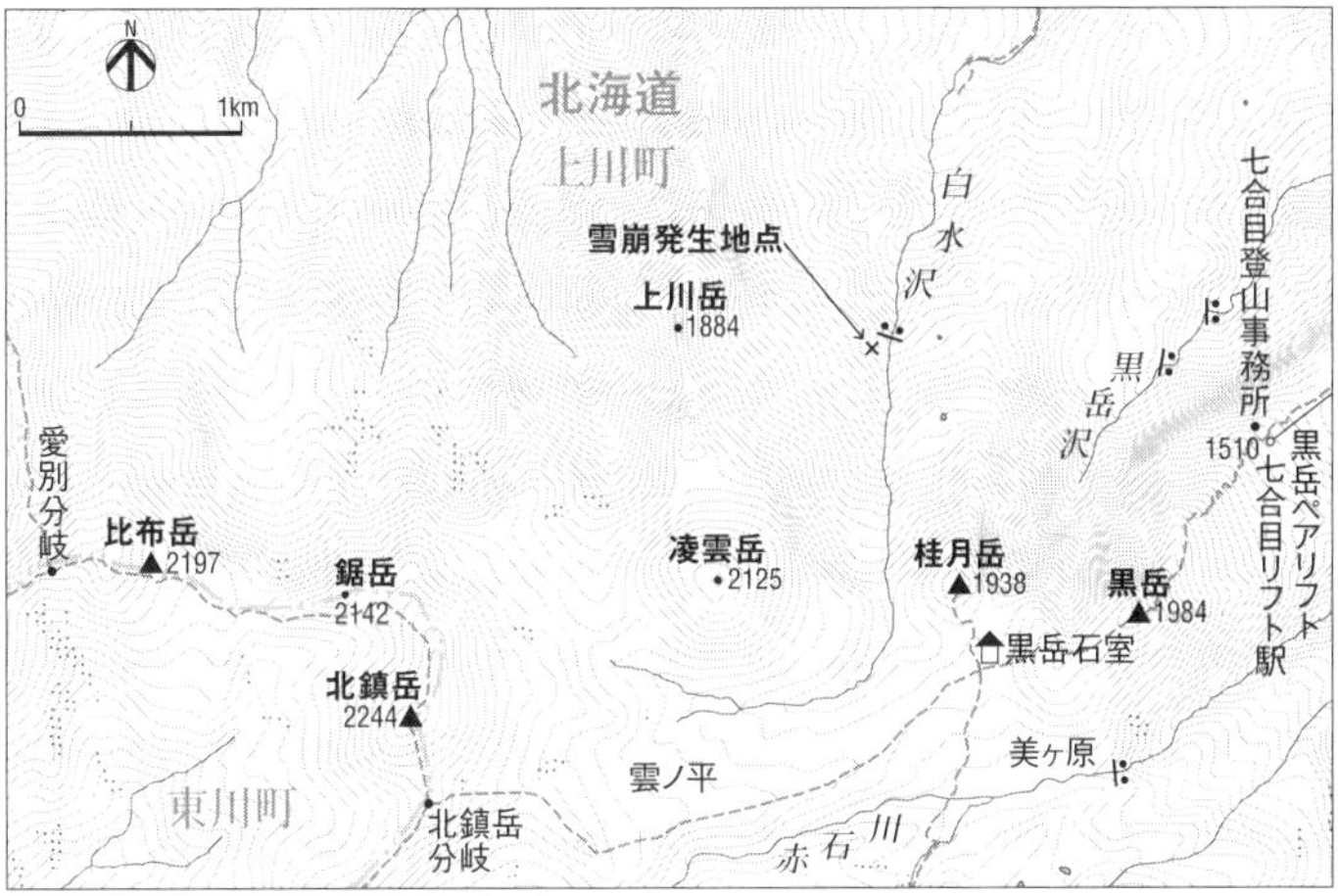

げていた。だが、三宅の卒部山行は人気がなかった。上川岳東斜面滑降のために割ける日は一日しかなく、悪天が一日でもあれば滑れなくなる。四日間の計画では、日程の余裕がなかった。山スキー部員にとって大雪山は通い慣れた山だ。夏休みも冬休みも短縮していくばかり。授業も昔のように休めない。今、北大でいちばん長い休みは春休みになっている。そのため、部員たちは春休みに長期山行の計画を立案し、普段行くことができない山域の山行を指向する。三宅の卒部山行は人気がなく、一年生の喜多山哲平（19歳、理学部）一人しかメンバーが集まらなかった。喜多山は幼いときからオランダとアメリカを行き来して暮らし、オランダでの生活が長い。子どものころから、家族でヨーロッパアルプスのスキーを楽しむ機会が多かった。大学は日本で学びたいと望み、北大に入学した。メンバーが喜多山一人では、三宅の卒部山行が成立しない。

同期の愛知県出身の正岡由仁《ゆに》（22歳、工学部四年）にも、小野が見せてくれた上川岳東斜面滑降の映像を見せた。由仁も東斜面に魅了され、滑降したいという。正岡がサブリーダーになることが決まった。

由仁という名前は、千歳市近くにある由仁町《ゆにちょう》にちなんで名づけられている。両親が北海道旅行をしたとき、由仁町の〝ゆに〟という言葉の響きに惹かれ、生まれた長男に名づけたのだ。

部内で正岡は、〝ゆに〟と呼ばれていた。土木工学を専攻する正岡は、四月から故郷の愛知県職員に採用されることが決まっていた。

正岡自身の卒部山行は、大雪山中央部へ東側の石狩川源流から入山。忠別岳を越えて西側の忠別川源流域に入り、旭岳へ縦走する行動四日、停滞四日、行動予備四日、計十二日間という長期山行だった。行動予備日を四日にしている理由は、スキーをするためだ。大雪山稜線での行動を避け、原始林の樹林内を移動する。二つの川の源流域はどちらから入ってもアプローチが長く、厳冬期に入山する登山者はまれだ。きっと入山してから下山まで人に出会うことがないだろう。スキーを駆使する山スキー部らしい卒部山行計画だった。

正岡自身の卒部山行と三宅の卒部山行。就職が決まっている正岡は、故郷へ引っ越しをする。引っ越しの日程が、三宅の卒部山行と重なる可能性が浮上してきた。正岡が参加できないときに備え、サブリーダーが務まる上級生が必要になった。

同期の東京出身の合田爽馬（21歳、農学部四年）は、大学院に進学するため春休みの日程に余裕があった。三宅とはきつい山行を幾度も乗り越えてきた仲であり、正岡はいちばん気が合う同期だった。札幌を離れ、就職する正岡。いっしょに山へ行く最後になる機会にちがいない。合田がメンバーとして加わることになった。

合田は中学では野球部、高校では卓球部。北海道に来たからにはスキーをしたいと山スキー部に入部した。合田は演習林がたくさんある北大で林学を学びたかった。冬の演習林をスキーで歩き回ることが好きだという。スキー場を滑っていたら飽きる。しかし、冬の森や山でのスキーに飽きることはなかった。

同期の正岡と合田の友情によって四人パーティになり、こうして三宅の卒部山行計画が成立した。

三宅の卒部山行計画

三宅の卒部山行は、次のような計画になった。

〔期間〕

二〇二一年二月二十五日～二十八日　四日間、行動三日、停滞・予備一日

〔人員〕

リーダー　三宅靖風《やすかぜ》（経済学部三年）

サブリーダー　正岡由仁《ゆに》（工学部四年）

メンバー　合田爽馬《そうま》（農学部四年）
喜多山哲平（理学部一年）

［コース］
二月二十五日　層雲峡↓上川岳東キャンプ1
二月二十六日　キャンプ1↓北鎮岳↓中岳温泉キャンプ2、周辺スキー
二月二十七日　キャンプ2周辺でスキー↓旭岳ロープウェイ姿見駅↓旭岳ビジターセンター
二月二十八日　停滞・行動予備

黒岳から旭岳へ縦走する行動に対し、行動予備日がわずか一日しかないというのは、あまりにも日程に余裕がない計画だった。そのため彼らは追いつめられていくことになる。

一日遅れの入山

二月二十三日から低気圧が北海道を通過し、東方海上で急激に発達。冬型の気圧配置が強まり、二十四日から北海道は吹雪になった。この冬型の気圧配置は二十五日まで続いた。三宅は凌雲岳を乗っ越し、旭岳へ向かうには視界が良好であることを条件に考えていた。そのため、

入山を一日遅らせることにした。入山前に予備日を使ったため、四日間の山行が三日間になってしまい、上川岳東斜面を滑降するチャンスは入山前に乏しくなっていた。

二月二十六日、曇り。札幌から大雪山層雲峡ビジターセンターまで車で三時間三十分。部員にレンタカーで送ってもらった。

三〇キロほどの重いザックを担いで午前八時、黒岳ロープウェイ層雲峡駅横から黒岳沢に入山。曇っていたが視界はよく、風もなく穏やかだった。ラッセルは二〇センチほどで歩きやすい。黒岳沢を登っていくと、標高七三〇メートル付近で沢は雪に埋まっていた。左岸に渡り、標高八三〇メートル付近で黒岳沢を離れた。左岸側の斜面を登り、標高一三五〇メートル付近で尾根に出た。ここから尾根を南西方向に向かって登り、白水沢を目指した。稜線に上がってもラッセルは二〇センチほど。視界はよく、風もなかった。

三宅はクライミングジムで仲良くなった小野から、白水沢を徒渉できるのは標高一四五〇メートル付近しかないと聞いていた。標高一四五〇メートル付近の白水沢の右岸は崖や露岩があって進みづらかった。そのため標高一五五八メートルの台地まで登る。標高一五五〇メートル付近で谷が浅くなり、沢へ下る右岸の斜面の斜度が緩くなった。この台地から、白水沢を安全に徒渉できそうだ。午後二時に行動を終え、ダケカンバがまばらに生えている標高一六〇〇メ

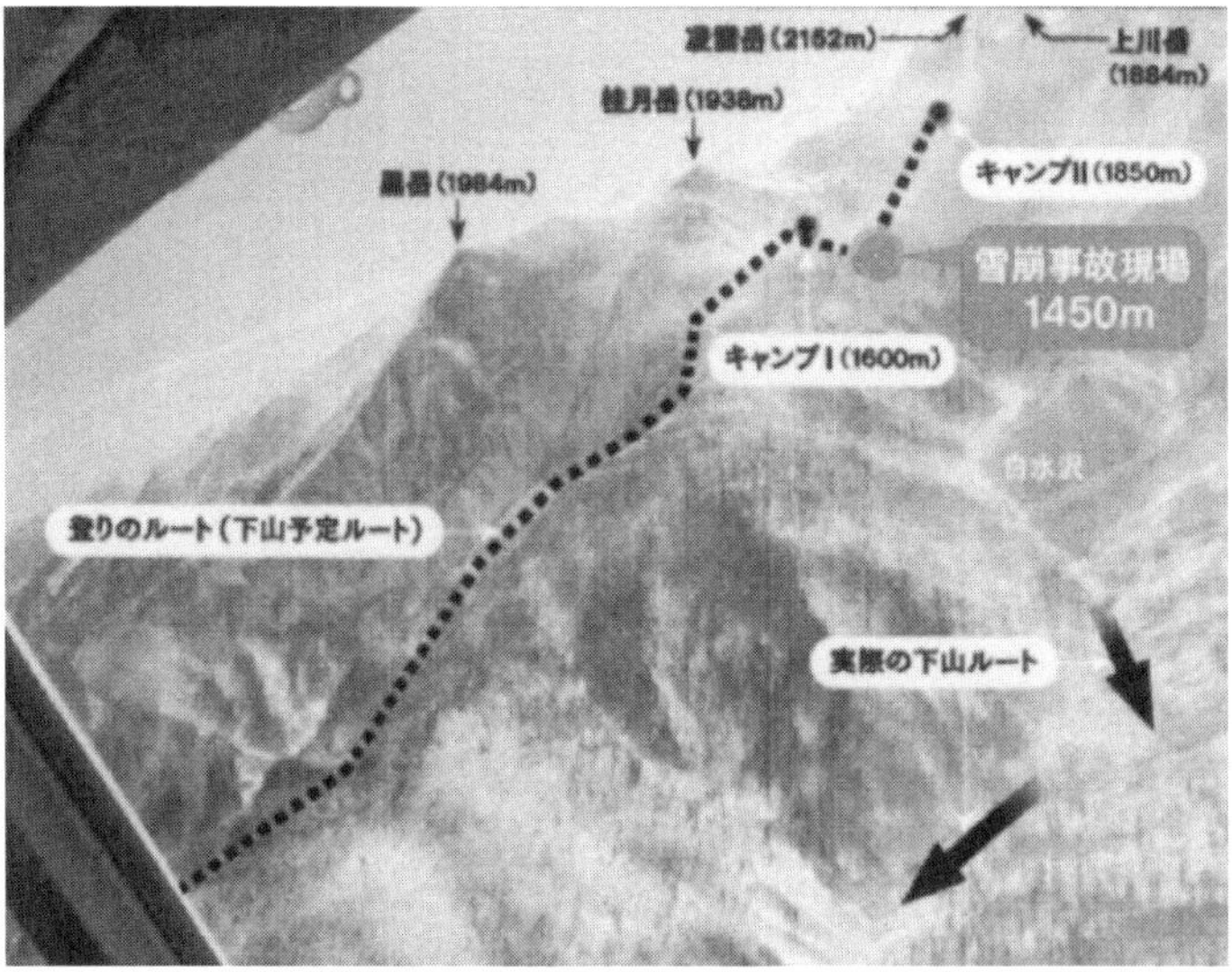

北海道防災航空隊が出動したが、乱気流のため、雪崩事故現場へ進入できなかった（写真提供＝北海道防災航空隊）

北海道と北海道大学に憧れて入学した4人。北海道らしいこと、スキーを楽しみたくて山スキー部に入部

ートルの平坦地にテントを設営、キャンプ1とした。

携帯圏内だったため、NHK第2放送の気象通報を聞かず天気図を書かなかった。天気図は、天気ジェーピー（tenki.jp）で見た。ウインディー（windy）を調べ、天気、風、気温、雲の予測をチェックした。予報では、二十七日の天気は曇り時々雪、午前中一時晴れ。気温がマイナス十四度Cからマイナス十九度C、南東の風が吹き、風速四メートル／秒ほど。瞬間風速は九から一八メートル／秒。好天とはいえないが、明日は凌雲岳直下の樹林内にキャンプ2を設けることは問題なさそうに思えた。

一年間、上川岳東斜面を滑りたいと温めていた計画だったが、三宅はこの段階で東斜面の滑降をほぼあきらめる気持ちが湧いてきた。三宅の気持ちは、滑降から縦走へと傾いていた。この日、三宅は上川岳東斜面を初めて見て、東斜面を滑降することへの恐れを感じはじめていたのだ。一年目の喜多川を安全に滑らせることができるのだろうか。不安が頭をもたげてきた。

縦走か滑降か

二月二十七日午前六時、天候は曇り、視界は数キロあった。稜線に雲がかかっていたが、かろうじて見えていた。さほど悪くない天気だ。午前六時十五分にキャンプ1を出発。右岸側の斜面から白水沢へ簡単に下ることができ、雪に埋もれた白水沢の徒渉も問題なかった。徒渉すると白水沢の左岸をかなりトラバースし、凌雲岳から北東に延びる尾根に取り付いた。尾根にはダケカンバの疎林が帯状に続き、疎林に沿って登り続けた。

二十八日、旭岳へ縦走するなら、なるべくキャンプ2を標高の高い位置に上げておきたいと三宅たちは考えていた。ウインディーでは二十八日九時から十五時にかけ、下層、中層に雲がなくなり晴れる予報が出ていた。しかし、南寄りの風が吹き、瞬間最大風速二七メートルから三三メートルという強風の予報だった。大雪山の森林限界を超えた二〇〇〇メートル付近で風速二〇メートル／秒を超えれば、立って歩くことが難しくなる。強風が雪を巻き上げ地吹雪になり、視界がなくなる。

気温の予報は午前六時で氷点下二十度C。風速一メートルで体感温度は〇・六度C下がるため、風速二〇メートルなら十二度低くなり氷点下三十二度C。風速三〇メートルなら十八度低くなり、体感温度は氷点下三十八度Cだ。たとえ好天であったとしても強風が吹けば、何も見えなくなるといっても過言ではない。空は青空、しかし大雪山の地表付近は猛烈なスピードで流れる白いベールがかかる。それが大雪山の厳冬期、高気圧が張り出してきた晴天のときの特徴だ。

高気圧に覆われ晴れたとしても強風が吹けば、大雪山では森林限界を超えた稜線での行動は不可能になる。三宅はじめ正岡、合田たちはこのような悪天の経験を大雪山でしたことがなく、ウインディーの予測数値を見ても状況を想像することができなかった。

ダケカンバがなくなる森林限界ぎりぎり、標高一七六〇メートルに着いたのは午前八時。斜度三十度ほどの斜面の雪を削り、平らにすればテントを設営できそうだ。午前中にできればスキーをしたいと考えていた三宅は荷物をデポし、明日の偵察とスキーをするため尾根を登った。気持ちは旭岳への縦走に傾いていたが、東斜面を滑降したいという気持ちは、わずかだが残っていた。

不安定な積雪

尾根を登るにつれ風が吹きはじめ、視界が悪くなってきた。明日は好天になり、旭岳へ縦走できるかもしれないと考えていた三宅は、偵察を兼ねて凌雲岳の稜線直下一九〇〇メートル付近まで登った。斜度は三十度を超えたが、一年生の喜多山もシールを利かせて登ることができた。だが、上川岳東斜面は三宅をさらに不安な気持ちにさせた。もし、雪崩が起きたら逃げる場所がない。もし、一年生の喜多川が転倒して滑落したら、止められない斜度だ。東斜面を滑ることが、向こう見ずなものに思えてきたのだった。

ともかくこの天気では、上川岳の東斜面を滑ることなどとうていできない。尾根の東側の斜面を滑ろうと考え、斜面への入り口で弱層テスト（コンプレッションテスト）を行なった。

表面の五センチは新雪。手首でシャベルのブレードを三回叩くと表面から五センチで破断した。破断面はギザギザで、山スキー部独自の表現で言う〝ボロ〟という状態だった。しもざらめ雪、こしもざらめ雪の雪質と思われる。いちばん上の破断面から三〇センチ下は、肘を使ってシャベルのブレードを叩くと三回で破断した。破断面はギザギザ、〝ボロ〟だった。その下二〇センチは全力で四回叩くと破断した。破断面は、平滑な〝線〟のような状況だった。降雪結晶と思われる。さらにその下一五センチに全力で五回叩くと破断した。破断面は〝線〟だった。

山スキー部では、弱層テストを行なってもルーペで破断面の雪質を見ない。そのため、これら五つの破断面の弱層の雪質は不明だ。この一週間、繰り返し低気圧が大陸から東進して北海道を通過していった。低気圧接近前に降雪結晶が降っているはずだ。彼らが〝ボロ〟と表現する弱層は降雪結晶、〝線〟と表現する弱層はしもざらめ雪ではないだろうか。積雪の浅いところにあった二つの弱層、深いところにあった二つの弱層。雪崩の危険性は高かった。

三宅は表面から五センチ、三五センチにあった弱層をとくに危険と判断。尾根の東側斜面の滑降を中止。尾根上を滑ってキャンプ2のテントサイトへ帰った。

満月の夜

テントに入るとみんなでケーキを焼いた。「三宅卒部」と文字を描き、卒部を祝った。日没のころから天候が急速に回復しはじめた。大陸から一〇三六ヘクトパスカル（hPa）の勢力が強い移動性高気圧が日本海を東進し、北海道に近づいていた。この夜は満月。蒼い闇が三宅たちのテントを包んでいった。

三宅たちはウインディーで気象予報を調べただけで天気図を見ていない。ウインディーでは二十八日、午後に好天になる予測だった。しかし、瞬間最大風速二〇～三〇メートル／秒の強風が吹くという風の予測も出されていた。三宅たちは誰一人、この強風がどのような状況を生み出すのか想像できなかった。大雪山の強風を体験したことがなく、強風の恐ろしさを知らなかったからだ。

下山決定

二月二十八日午前二時、三宅が用足しにテントを出ると快晴、無風、満月が輝いていた。

「月が出ているうちに登ろうかな。旭岳まで行けそうだ」

夜が明ければ快晴無風の好天になるだろう。こんな天気なら旭岳へ縦走できる。三宅は快晴を信じた。

ところが午前四時、起床すると天気が激変していた。強風がテントを揺らし、視界五メートル。ときおり風が弱まると視界が一〇〇メートルほどに回復する。テントの周囲に雪が五〇センチほど吹き溜まり、テントが潰れそうだ。朝食を終えた午前六時、依然として地吹雪が強い。テントの周囲の除雪を行なった。風速は一〇〜一五メートル／秒、地吹雪で周囲が真っ白になり、何も見えなかった。

四年目の三宅、正岡、合田が相談する。この強風と視界の悪さ、旭岳への縦走は無理だ。待てば天気がよくなるはずだが、風はさらに強まる予報だ。風が収まるのを待ち、上川岳東斜面を滑降する意見も出たが、一昨日行なった弱層テストの結果から、雪崩の危険が高過ぎる。森林限界を超えた東斜面の滑降はとうてい無理だ。出された結論は、標高を下げ、昨日のキャンプ地付近の樹林内でスキーを楽しみ、登りに使った黒岳沢から層雲峡へ下山する。三人の意見がまとまった。

合田は経験したことがない地吹雪に不安を覚えていた。

「三宅も正岡も実力がある。喜多山はどこでも横滑りで下りることができる。安全に下れる技術を身につけている。しかし、この強風と視界の悪さ。みんなでちゃんと下山できるだろうか。早くここから逃げなくては」

テント撤収

六時半、テント撤収開始。撤収中に吹き溜まった雪の重みでポールが折れ、フライが破れた。合田は一九七九年知床で起きた北大山岳部の遭難のことが頭をよぎった。テント泊をしていた五人パーティが爆風雪に襲われてテントが破壊され、三人が死亡した遭難だ。合田が体験したことのない猛吹雪、自然への恐怖が湧き上がっていた。

喜多山がテントの外で荷物をザックに詰めていたとき、斜めになった雪面に置いたザックのバランスが崩れ、尾根を落ちていった。ザックには寝袋、アイゼン、スリング類、非常用品を入れていた。ザックが尾根の途中で止まったのが見えたが、地吹雪が強まり見えなくなった。ザックを探しながら、尾根を下ることにする。

強風で吹雪。周囲は真っ白。五メートル離れるとお互いの姿が見えない。声も届かない。視

凌雲岳から北東に延びる尾根。樹林帯に沿って登った。27日のキャンプ地は森林限界の標高1850m（写真提供＝三宅靖風）

27日、左側斜面で弱層テストを行なうと雪崩の危険性が高い結果を得た。斜面の滑降をやめ、尾根上を滑ってテントへ帰った（写真提供＝合田爽馬）

界がないためダケカンバの木を目印にし、木から木をつないで横滑りでゆっくり下りていった。滑走の順番は先頭をサブリーダーの正岡、二番目に一年生の喜多山、三番目に合田、最後尾がリーダーの三宅だ。喜多山が落としたザックも探しながら下る。結局、見つけたのはザックから転がり出たコッフェル（鍋）ひとつだけだった。見つけた正岡が取っ手を腕にひっかけ下降を続けた。

雪は強風にパックされて重く、スキーが取られ滑りづらかった。標高一四九〇メートルの白水沢が見える所まで下った。白水沢の左岸がノール地形（凸状地形）になっているため、斜面下方がまったく見えなかった。みんなの思いは同じだった。

「風がない場所へ早く行きたい」

四人は視界がない強風の世界から逃げ出したかった。

八時十分、雪崩発生

「小野さんが言った場所はここだろうな」

三宅はクライミングジムで親しくなった小野から、白水沢へスキーで滑って下降できる場所は一箇所しかないと教えられていた。このノール地形になっている斜面が、教えられた場所に

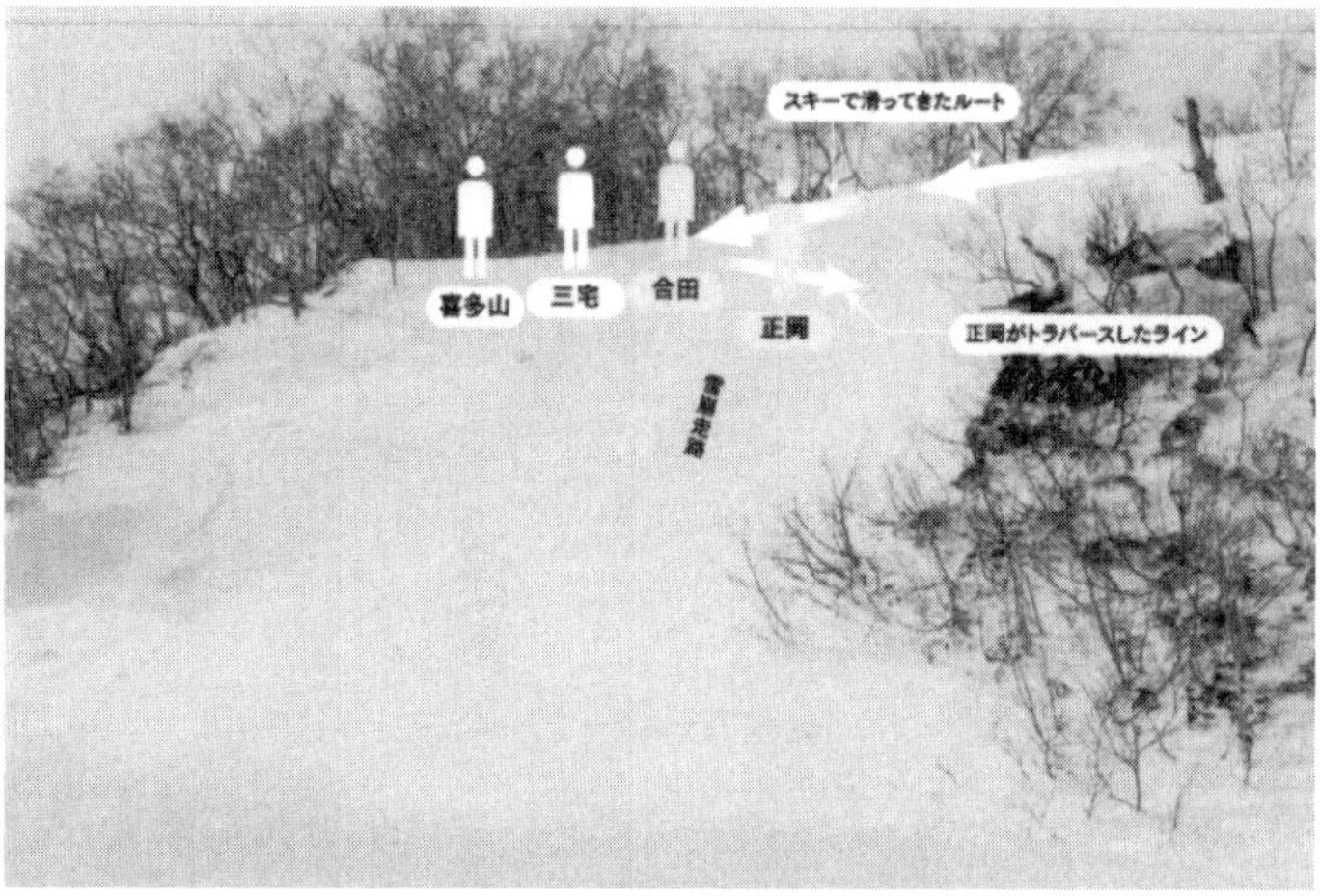

雪崩が発生した白水沢左岸の斜面。斜度約30度。左側から右側へトラバースしているとき雪崩が発生した（写真提供＝三浦正義）

28日未明から正午にかけ、強風のため吹きだまりが発達。白水沢周辺で自然発生の雪崩が多数発生した（写真提供＝三浦正義）

ちがいない。

四人は集まり、話し合う。全員、直感でここは危ない斜面と感じた。下ってきた尾根に沿う沢筋の左岸側に灌木が生えていて、右岸側より斜度が緩そうに見えた。ノール地形になり落ち込んでいる斜度三十度ほどの急斜面急を避け、上部の緩斜面をトラバースして左岸側へ行けば、白水沢へ下りることができそうだ。対岸へトラバースすることを決めた。

トラバースを決めたのだが、三宅は不安だった。トラバースする下方が雪崩発生の危険性が高いノール地形。トラバースはノール地形上方の緩斜面を横切るが、そこは木が生えていない真っ白な斜面だ。そして昨日行なった弱層テストの結果から、不安定な積雪状態であることが予想できた。さらに、夜明けころから吹きはじめた強風でできたウインドスラブ。できればトラバースをしたくない。しかし、白水沢へ下らなければ下山できない。

三宅は嫌な気持ちだった。

サブリーダーの正岡がトラバースを開始した。三宅と一年生の喜多山は右岸側の灌木帯近くに立っていた。合田は二人より数メートル上方、灌木帯から離れて立っていた。

トラバースを開始した正岡の証言だ。

「滑っていく前方に亀裂が入って雪面がひび割れるのが見えました。その瞬間やばいと思いました。斜面全体が崩れ落ちていくような感じになり、すぐに立っていられなくなって転びました。流されているときは、上も下も分からなかった。流されていた時間は十秒か二十秒、一瞬でした。雪が流れるザー、ザーという音が聞こえ、止まった瞬間〝ガシッ〟と音がして動かなくなりました。右手が雪面に出ていたのが分かり、上向きに埋まっていると思いました。動かせるのは右手だけ。それ以外はまったく動きません。動く右手で口のまわりの雪を取ろうとしましたが、できなかった。呼吸はできていました」

雪崩の幅は二〇から三〇メートル、長さは約一〇〇メートル。雪崩は白水沢の右岸にぶつかり、デブリが堆積した。

「おーい！　わっー！」

正岡は幾度も叫んだ。自分がここに埋まっていることを知ってほしかった。

「息ができない。低体温症もある。このまま埋まっていたら、死ぬだろうな。全員が雪崩に流された可能性もある。全員が死ぬのかもしれない」

呼吸が苦しくなってきた。

「ここで死ぬのかなぁ。親に申し訳がない」

意識を失った。

二番目に流された合田の証言

トラバースすると決めたとき、合田の頭に一瞬、雪崩の心配がよぎった。しかし、地吹雪から逃れたいという思いで頭はいっぱいだった。正岡が三〇メートルほどトラバースしたとき、雪面がスパッと切れた。

「雪面が切れたところは積雪が浅くて五センチくらいしかなかった。真っすぐ一本の亀裂が入るというより、細かな網目状の亀裂が一瞬で入って正岡が流されました。足をすくわれた感じで、さーっと流されていった。流された瞬間、正岡は死んだと思いました。雪崩が発生したことを知らせるため、〝アバランチ！　アバランチ！〟と二回叫びました」

流された正岡がすぐに見えなくなった。

「わー、大変なことになった」

そのとき、立っていられないほどの強風が吹いていた。合田も雪崩に流される。

「雪がどさっとぶつかって重みを感じ、足元をすくわれて倒れ、上向きの体勢で流されはじめました」

合田は必死に両手をぐるぐると回し、もがいた。白い濁流から浮かび上がりたい。流された

白水沢下流から見た雪崩事故現場。右上で雪崩が発生、右岸まで到達、デブリが堆積した。雪崩の長さ約100メートル、幅20 ～ 30メートル（写真提供＝三浦正義）

時間は五秒から十秒と短く感じた。デブリの流れが急に止まると間髪を入れず大量の雪が一気に堆積し、重みを感じて全身が埋まった。口のまわりにエアポケットを作る余裕はなかった。

「左半身を下、頭は下流方向にして埋まりました。体感的には一メートルから二メートルの深さに埋まっている感じです。目の前は真っ暗で恐怖を覚えました。止まると雪の重みが増えていくのが分かりました。口の中に雪が入らなかったので呼吸はできました。息が上がって苦しく、口を開けてはぁはぁと呼吸しました。〝ウォー、誰かぁ〟と叫びました。叫ぶと余計に苦しくなりました」

合田は死を覚悟する。

「自分は死んだな。天気が悪くて風も強い。エアレスキューを期待できる天気じゃない。僕が流されているなら、近いところにいた三宅も流されているかもしれない」

エアレスキューを期待できない。三宅が雪崩に流されていれば、捜索救助をするのは一年目の喜多山一人だ。喜多山一人で三人を捜索救助することは不可能だろう。自分は助からない。

合田は絶望感に襲われた。

「自分はこのまま埋まって一人で死ぬのだろうか。そういえば明日は引っ越しがあったのになぁ……」

絶望感に襲われているにもかかわらず、引っ越しのことが頭に浮かんだ。

「事故を起こしてしまい部員たちに申し訳がない。山行が終わったら帰省があったのに。親は悲しむだろうか……」

合田は意識を失った。意識を失ったのは、埋没してから一分三十秒くらいだと感じた。

捜索開始

リーダーの三宅の証言だ。正岡がトラバースを開始すると、一瞬で見えなくなった。滑落したのかと思った。〝アバランチ！　アバランチ！〟という叫び声で上を見ると、合田が流されていくのが見えた。合田は立ったままデブリとともにノール地形の下方へ消えた。

三宅は雪崩の発生を知った。雪の量は少なかったが、三宅にも雪崩がぶつかってきた。雪崩れた雪の層は三宅のあたりで厚さ一〇センチから二〇センチ。雪崩の幅は二〇メートルから三〇メートル。雪崩の規模は小さいから、二人は生存しているのではないか。三宅は最初、楽観視した。

一年目、喜多山の証言だ。

正岡がトラバースを開始したとき、もっとも灌木帯の近くに立っていた喜多山は雪崩の危険を意識した。

「どうせなら、木が生えているエリアまで戻るか」

そう考え、後退を始めた。後退していると、正岡が転び、加速しながら滑り落ちていくのが見えた。正岡が滑落していると思った。その直後、合田も同じように滑り落ち、雪崩が発生したことに気がついた。雪崩に巻き込まれたらまずい。喜多山は慌てて後ろの木にしがみついた。そのため正岡と合田から目を離してしまい、二人の消失点を見失った。木にしがみついていると雪崩が三宅の前を流れていった。雪崩が収まり体勢を立て直そうとしたときスキーが滑り、五メートルほどずり落ちた。

雪崩が収まると、三宅は喜多山に声をかけ、安定した体勢で安全な場所にいることを確認した。三宅も灌木の脇まで後退し、安定した場所へ避難した。雪崩れた後の斜面は硬く見えた。そして、立っていられないほどの強風が吹いていた。スキーを履いて捜索すれば、喜多山が滑落するかもしれない。スキーを脱ぎ、つぼ足で捜索することにした。三宅のザックは二五キロを超える重量がある。ノール地形になっている急斜面を強風に吹かれて下る危険性を考え、捜索に必要なシャベル、プローブなどの装備だけをサブザックに入れて荷物を軽くした。三宅はザックとスキーはそこに残し、喜多山はスキーだけを残し捜索を開始した。喜多山はザックを失っていたため、残った装備、シャベル、プローブ、防寒着などが入った軽いサブザックを背負っていた。

正岡発見八時二十分、雪崩発生から十分後

雪崩トランシーバーのピープスDSPを発信から受信モードに切り替えるが、正岡、合田の発信信号を捉えなかった。ピープスDSPの受信範囲は六〇メートルだ。四つん這いになってノール地形の上方をトラバース、左岸側の灌木が生えている尾根へ行く。喜多山が、正岡が左岸の灌木沿いに流されていくのを目撃していた。そこから灌木に沿って真っ直ぐ白水沢へ下った。一〇メートルほど下ると二つの信号音を捉え、距離六〇メートルと表示が出た。最初矢印が斜面の上方向を指したため、三宅は登りかける。雪崩トランシーバーを動かすと上向きの矢印は消え、下向きの矢印表示に変わった。三宅が表示される距離の数字を大声で読み上げながら、二人は下った。

三宅が突然、走りだした。二〇メートルほど先に一本のスキーを発見したのだ。喜多山も三宅を追いかけ駆け下りた。スキーの下に誰か埋まっていると考え、シャベルを取り出した。足が付いていると思ってスキーを持ち上げてみると、付いていない。スキーの左手すぐの所に正岡の青色のテムレス（防水手袋）が見えた。

八時二十分、正岡発見。雪崩発生から十分後だ。三宅は喜多山に正岡の掘り出しを指示した。

雪崩の規模は小さい。ウインドスラブの厚さが薄く、デブリの量が少ない。ノール地形の下で全身埋没しないで生存しているんじゃないか……。三宅の楽観的だった考えは、絶望感へと変化した。正岡と合田は、完全に雪崩に埋没していた。一年目の喜多山と二人だけで正岡と合田を生存救出できるだろうか。

合田発見八時二十五分、雪崩発生から十五分後

正岡の信号音をマークして遮断、合田の信号音だけを捉えるようにした。発信トランシーバーまでの距離が一〇メートルの表示が出て、埋没者（発信信号）方向の矢印は、下流を指している。下流に向かって進んでいくと距離表示が一二メートルになった。合田の埋没地点を通り過ぎている。一八〇度方向を変え、強風に逆らってがむしゃらに進むと距離表示が三メートルを切った。距離表示が一メートルになり、さらに進むと一メートルを越えた。

合田の埋没地点を通り過ぎている。距離表示が一メートルを表示した下に合田が埋まっているはずだ。合田を一刻も早く発見したいと焦った三宅は、雪崩トランシーバーによる細かい捜索、ファインサーチを省略し、プローブで埋没地点を確定することも省略した。時間がもったいないと思ったのだ。シャベルで掘りはじめると、深さ五〇センチで足を発見。スキー靴とスキーが現れた。合田の発見、八時二十五分。雪崩発生から十五分後だ。

正岡の気道確保

雪崩埋没者の死因は窒息が圧倒的に多く、約七〇パーセント（『増補改訂版 雪崩教本』p112参照）。埋没から十八分以内に救出し、呼吸を回復させれば生存率は約九〇パーセント。埋没時間が三十五分以上になると、生存率は約三〇パーセント以下になる。雪崩埋没者の救助では、十八分以内に掘り出し、呼吸を確保することが、救助における時間的目標値になる。

三宅は雪崩発生からの時間を意識しながら捜索を行ない、時間を記録していた。

正岡の発見は雪崩発生十分後。気道確保までの残された時間は八分。合田の発見は雪崩発生から十五分後。気道確保まで残された時間は三分。三宅は合田の顔を、喜多山は正岡の顔を掘り出し、気道確保をしなければ生存救出ができない。顔を見つけることを急いだ。

正岡の掘り出しを任された喜多山は、気道確保のために顔が埋まっていると思われる周囲を掘る。三分ほどで二〇センチの深さに埋まっていた正岡の顔を掘り出した。意識がなく、呼吸をしていない。胸のあたりを掘っていると、「ヒュー、ヒュー」と弱く呼吸する音が聞こえはじめた。正岡の気道確保は、発見から五分後の八時二十五分。雪崩発生から十五分後だ。

続いてさらに顔のまわり、胴体を掘った。顔、首周辺、右腕、胴体が掘り出せたので、正岡を引っ張り出そうとするが動かない。ザックが埋まっていて体を引っ張り出せないのだ。正岡のザックを外したい。外そうとするが、低体温症のため肘から曲がった右腕が硬直して動かない。腕が曲がったまま動かないから、ザックを外せない。

喜多山は気がつかなかったのだが、このときザックの胸のストラップが正岡の首を非常に強く締め付けていた。そのため呼吸を再開した正岡は深い呼吸ができず、浅い呼吸しかできていなかった。正岡を引っ張り出すことをあきらめ、さらに体を掘り出すことにする。左腕を掘り出す。ストックと手首に引っかけていたコッヘル（鍋）が邪魔でなかなか左腕を掘り出せない。

冬山を初めて体験する一年目の喜多山。しかも、雪に埋まっている人間を掘った経験などなかった。正岡を必死に掘った。

合田の気道確保

三宅は合田の足とスキー靴、スキーを八〇センチほどの深さで掘り当てた。しかし、合田の埋まっている体勢がわからず顔の位置を推測できない。必死で掘り続けザック、手を見つけた。触っても反応がなく、動かない。合田は生きているのか、死んでしまったのか。三宅はこのとき、絶望感に襲われた。

やっと顔が見え、気道確保ができたのは、発見して十分後の八時三十五分だった。雪崩発生から二十五分後、生存救出の目標時間十八分を七分過ぎていた。

合田は微弱な呼吸をしていた。だが、三宅の呼びかけに応えない。意識がない。

一〇メートルほど上流で正岡を掘っていた喜多山に大声で聞く。

「正岡の気道確保ができたか？　意識があるか？」

正岡と合田を雪崩トランシーバーで捜索し、発見。気道確保までを三宅と喜多山の二人でやり遂げた。呼吸せず、意識がない正岡。呼吸しているが意識がない合田。二人の全身をまだ掘り出せていない。

正岡と合田を生存救出するため、コンパニオン・レスキューに加わってくれる人が必要だった。

四人パーティ

バビシェ・マウンテン・クラブの四人パーティが白水沢を登っていた。バビシェ・マウンテン・クラブは、二〇〇七年に設立された新しい山岳会だ。代表は八〇〇〇メートル峰の二座に登頂し、ヒマラヤの高所登山の経験豊富な佐藤信二。佐藤は北海道で名の知られた登山家だ。会員たちの登山技術、安全対策向上に熱心に取り組んでいる。体温二十八度Cの低体温症をモンブラン氷河で体験した『凍る体――低体温症の恐怖』(山と溪谷社、二〇〇二年)の著者、船木上総《かずさ》医師が会員にいて、低体温症の講習、雪崩捜索救助の訓練を熱心に行なっている。社会貢献的な活動もやっていて『はじめてのさっぽろ山ガール』(北海道新聞社)という登山ガイドの本を出版している。そのためか、会員に若い女性が多く、〝新しい薫り〟を感じさせる山岳会だ。

リーダーは移植外科医の三浦正義(51歳)。午前四時、黒岳ロープウェイ層雲峡駅横から入山し、白水沢に入った。この日の天気予報は快晴。しかし、二〇〇〇メートル以上の稜線は北西よりの風が徐々に強くなり、昼には風速三〇メートル/秒という予報が出ていた。三浦たちはいつも黒岳ロープウェイを使い、黒岳を経由して上川岳へ行く。昼から稜線で強風が吹く予報のため出発を四時に早め、風が当たらない白水沢ルートを選んでいた。

メンバーは入会三年目のスノーボーダーの船坂大樹（48歳、建築家）、入会6年目のスキーヤーの古藤《ことう》拓弥（35歳、国家公務員）。そして入会間もないスキーヤーの斎藤真（仮名、整形外科医）だ。斎藤が上川岳東斜面を見たいと望んでいた。三浦は斎藤に上川岳を見せ、大雪山の悪天を経験させるのもよいだろうと考えていた。白水沢の左岸側は、凌雲岳から上川岳へ細い尾根が延びている。北西風が吹く荒天時に、この尾根が風を遮ってくれる。白水沢の標高一三〇〇メートル付近まで無風だった。

無風状態は、この標高を過ぎると一変した。白水沢源頭から吹き下ろす強風が吹きはじめ、視界が悪化。両岸の斜面にウインドスラブが厚さ一〇センチから二〇センチ発達していた。引き返そうと思っていると風が弱まり、視界が一〇〇メートルほどになった。目をこらすと、シャベルで何かを掘っている二人の人影がぼんやり見えた。

船坂と三浦の会話だ。

「ビバークをするために雪洞を掘っているのかな?」

「なんだろうな」

「上を見に行った方がいいんじゃないか」

「二人が気になる。見に行ってくる」

三浦が一人で上流へ向かった。

近づいていくとデブリが堆積し、小山のように盛り上がっているのが見えた。雪崩が発生している。二人がそれぞれ別の場所を掘っていた。二カ所を掘っているのなら、二人が埋まっていると三浦は推測、三宅に声をかけた。

「どうしました?」

「仲間が埋まっているから助けて下さい」

三浦、船坂、古藤はそれぞれ無線機を持っている。船坂が、三浦を呼んだ。

「どうですか?」

「人が埋もれているから、早く来て」

コンパニオン・レスキューに参加

二人が埋まっていた雪崩現場は白水沢の標高一四五〇メートル。雪崩発生は白水沢の左岸北東向き、ノール地形になっている斜度三十度を超える斜面。地形図では沢底まで七〇メートルから八〇メートルの落差があるが、白水沢が雪に埋まっているため実際の落差は四〇メートルから五〇メートルだった。破断面の厚さは一〇センチから一五センチ。雪崩の幅は二〇メート

掘り出される合田。最初に足、次にザック、腕を掘り出した。体勢がわからず顔が最後になった。呼吸があったが、意識はなかった（写真提供＝三浦正義）

正岡由仁（中央）は低体温症のため両手両足が硬直し、意識は朦朧。掘り出しが難航した（写真提供＝三浦正義）

ルから三〇メートル。走路は破断面からデブリ堆積区まで約一〇〇メートル。デブリが白水沢右岸にぶつかり、堆積していた。

二人が埋没している。どういう状況で埋まっているのか。何分間埋まっているのか。三浦は、まったく分からなかった。船坂、古藤、斎藤がやってきたので二手に分け、掘り出しを開始した。

こうして雪崩発生から三十五分後の八時四十五分、バビシェ・マウンテン・クラブの四人がコンパニオン・レスキューに加わった。

合田の救出

三浦と古藤は喜多山とともに正岡の掘り出しを始め、船坂と佐々木が三宅とともに合田の掘り出しを始めた。六人が二人の全身の掘り出しに全力を注いだ。

すでに合田の頭部と上半身を三宅が掘り出していた。深さ八〇センチに埋まっていたため、深い穴ができていた。三人でシャベリングを行ない、間口を広げた。船坂たちはさらに上半身と足の周囲を掘った。意識がない合田に船坂が声をかける。

「大丈夫か?」

九時、合田の意識回復。雪崩発生から五十分後だった。

合田は意識が戻り、知らない人たちが、自分を掘り起こしていたことに気がついた。寝起きのような感覚で頭がぼやーっとし、状況をすぐに理解できなかった。雪に埋もれた体を動かすこともできなかった。船坂が、合田に声をかけ続けた。

「寒くないかい?」

「頑張ってね」

合田のスキーのビンディングがなかなか外れない。外さないことには雪の中から救出できない。足が痛くないことを確認しながら、船坂と斎藤、三宅が掘り続けた。スキーを靴から外し、腕を掘り出すとようやく合田を救出できた。

雪崩に埋没し、すでに一時間が過ぎていたが合田は自分で立ち上がった。自分で歩くこともできた。船坂に言われ、近くにあったツエルトまで行き、中に入ると正岡と喜多山が座っていた。

全身の硬直

三浦は喜多山に聞いた。

「呼吸をしているか?」

「わずかに呼吸をしています」

正岡の顔が雪から掘り出されていた。三浦が素手で頸動脈に触れると微弱だったが、脈を確認することができた。医師でなければ、確認することが難しいほどの微弱さだった。胸は見えないため、呼吸しているかどうかを確認できない。今、呼吸を確認することよりも体を掘り出すことが最優先だ。

喜多山が呼吸をしていると応えたが、下顎呼吸や微弱で有効でない呼吸なら心肺蘇生（CPR）の必要がある。全身を掘り出さなければCPRを行なえない。

ザックのチェストトラップが首を締め付けていることに三浦が気づき、外した。呼吸が楽になるはずだ。肘が曲がったままの右腕に触ると筋肉が固まり硬直していた。人間の体が硬直する理由は、二つ。死後硬直と低体温症による硬直だ。埋没して間もないため、死後硬直はあり得ない。正岡が重度の低体温症になっていると判断した。体を三分の二くらい掘り出し、正岡を雪の中から出そうとしたが、ザックがアンカーになっているため引きずり出せなかった。

ザックを外そうとするが右腕が硬直、肘が屈曲したままで外せない。体が軟らかくて関節が動く人なら、ザックを簡単に外せる。ザックのストラップを緩め、力を入れて関節を広げ、喜多山、三浦、古藤の三人が数分をかけてザックを外した。足も硬直し、膝の関節が固まっていた。足を引き出そうとしても膝が曲がらないため、雪から引き出せない。足先まで掘り出し、ようやく足を引き出せた。

三人が掘りはじめて十五分、正岡の全身を掘り出すことができた。三浦が拳で胸骨をぐりぐりと押すと、正岡が唸り声をあげた。正岡が痛みに反応したのだ。拳で胸骨に痛みの刺激を与え、意識障害を確認する方法は救急の現場で一般的だという。

九時十五分。正岡の意識回復。雪崩発生から一時間五分後だ。

「なんとかなる」

三浦は思った。しかし、まだ正岡が危機を脱したわけではなく、次は保温、加温をしなければならない。そしてもう一人の埋没者、合田の状態を確認する必要があった。

合田の掘り出しに目処がついた三宅が、正岡の様子を見るためにやってきた。合田は呼吸をし、明瞭な意識があるという。合田は正岡よりよい状態だった。

三宅が正岡を背後から抱きかかえ、動かそうとする。体が硬直し、意識が朦朧としている正岡は動かない。

「しっかりしろ」

「起きろ！　由仁。起きろ！　由仁」

「大丈夫か？」

すると正岡が弱々しい声で反応した。

「大丈夫じゃない」

朦朧としている正岡が、声を出した。

三宅はうれしかった。

保温と錯乱状態

白水沢源頭から吹き下ろす風は風速五メートルから一〇メートル／秒、吹雪が続いていた。ツエルトを被らせただけでは、この風に太刀打ちできないだろう。雪洞なら風をしのげる。雪崩は白水沢の右岸にぶつかり、デブリが山盛りになっていた。雪洞を掘るのに適している。吹き下ろしの風を避け、デブリの山の下流側に雪洞を掘ろう。三浦は船坂に雪洞を掘るよう指示を出した。

古藤には、加温に必要なお湯を沸かすよう指示を出した。バビシェ・マウンテン・クラブでは、日帰り山行であってもガスコンロを持つことが義務づけられている。行動不能になったとき、ガスコンロがなければ何もできなくなるからだ。この日は古藤が担当し、持っていた。古藤がプリムスのマイクロバーナーと二五〇ミリリットルのハイパワーガスカートリッジ、コッフェルをザックから出し、雪を溶かして水を作りはじめた。

三浦は三宅に、保温に使える装備をありったけ出すように指示をした。雪洞ができるまで、正岡を掘り出した穴にサーマレストを広げて座らせ、レスキューシートとテントのフライで体を包んだ。正岡は座位を保つことができないため、雪の壁にもたれかかせ、喜多山と三宅が横に座って体を支えた。人が接していれば、加温効果も期待できる。そして風を防ぐため、三人にツエルトを被らせた。

正岡の体温が徐々に上がりはじめると錯乱状態が始まった。訳の分からない大声を発し、立ち上がろうとする。三宅と喜多山が二人がかりで正岡を押さえつけた。

「低体温症になっているから、温めるから、じっと座っていて」

正岡は言葉をまったく理解できない状態だ。何を言っているのか分からない言葉を叫びつつける正岡。暴れる正岡。必死に押さえつける三宅と喜多山。古藤はショックを受けた。

「これが低体温症か」

雪崩の捜索救助訓練は、雪崩トランシーバーで捜索、発見して掘り出し助けて終わる。しかし、実際の雪崩救助現場はそんなものではなかった。

温かい飲み物と湯たんぽ

時間が経つにつれ、正岡が徐々に聞き取れる言葉を力ない声で叫ぶ。

「三宅、ごめーん、ごめーん」

「喜多山、ごめーん、体が動かんのよ。体がだるくて、ほんとうに申し訳ない」

三宅がツエルトから出て、救出された合田と入れ替わった。喜多山と正岡をはさみ、体を支えた。合田は叫ぶ正岡を見て状況を理解し、自分が雪崩に流されたことを思い出した。

山スキー部では五〇〇ミリリットル以上のテルモスが、冬山山行の個人装備になっている。ほとんどの部員は砂糖湯を入れて持ち歩く。朝、テントを出発してから二時間。砂糖湯は十分に熱く、体温よりはるかに温かい。喜多山が正岡を介助し、テルモスの砂糖湯を飲ませる。時間がかかったが、八〇〇ミリリットルを飲み干した。

正岡は喉が渇き、甘いものを飲みたかったという。八〇〇ミリリットルの砂糖湯を飲み干すと体が温まり、意識がはっきりし始めた。

山スキー部では、ソフトボトルのプラティパスも個人装備になっている。古藤が湧かしたお湯をプラティパスに入れ、喜多山に渡す。二人の腹部、右と左の脇の下、三カ所に湯たんぽを

ツエルトを被った正岡、合田（写真奥）を吹き下ろす風から守り、保温、加温処置を行なうため雪洞を掘る（写真提供＝三浦正義）

雪洞は雪崩埋没者を収容するシェルターとして非常に優れている。風を防ぎ、雪の中は暖かい。コンロを点ければいっそう暖かくなる。雪洞は錯乱状態の正岡の精神を安定させた（写真提供＝三浦正義）

北海道で絶大な人気を誇る「桐灰カイロ マグマ」最高温度は73度。低体温症対策に必須

下着と中間着のフリースジャケットの間に入れた。

プラティパスでは、首の周囲を温めることができない。古藤がゴープロの保温用にたくさんの使い捨てカイロ、桐灰マグマを持っていた。三浦の予備のマグマと合わせ正岡の頸部を温めた。桐灰マグマは七十三度Cまで上昇し、高温の持続時間が長く寒冷環境で威力を発揮する。〝最強のカイロ〟として北海道の岳人に絶大な人気を誇る使い捨てカイロだ。

体が温まり、正岡が自分の苦痛を訴えはじめた。

「体がだるい」

「苦しい」

弱々しい小さな声で訴える。そして、生きたいという欲望が芽生えた。

「死にたくない」

「家に帰りたい」

三宅が正岡に応じた。

「いっしょに帰ろう」

喜多山や三宅、三浦たちの声が少しずつ正岡に聞こえはじめていた。

「今、低体温症だからね」

「体を温めるからね」

「座っていて」

おとなしく言うことを聞くようになり、暴れなくなった。錯乱状態は十分ほどで終わった。

二人のスノーボーダー

三浦は「なんとかなる」と思ったものの正岡の命を助けられるかどうか、厳しいと考えていた。正岡の体は硬直し、筋肉が硬くなっている。そのため、自分で動くことができない。動かそうとしても全身の筋肉と関節が硬く、動かしづらい。天候が回復傾向にあることは知っていた。十分な加温を行なえるのか。自力下山ができる状況になれるのか。北海道警察航空隊や北海道防災航空隊のヘリが救助に来られるのか。北海道警察山岳遭難救助隊が、地上から救助に来てくれるのか。

なにより、三宅はまだ警察と消防に雪崩事故発生を通報し、救助要請を行なっていなかった。白水沢は携帯圏外。携帯が通じないからだ。

正岡と合田の救出が完了したころ、二人のスノーボーダーが雪崩事故現場に現れた。

二人は黒岳ロープウェイ層雲峡駅横から入山し、右岸側の尾根から白水沢に下りてきたのだ。

九時二十五分、三宅が状況を説明し、二人に警察・消防への通報を依頼した。

「北大山スキー部パーティの四人が雪崩に遭い、二人が埋没。救助したが、一人の意識が朦朧として低体温症の恐れがある」

二人は快く協力要請に応じてくれた。GPSで雪崩事故現場の緯度と経度を記録すると携帯電話がつながる所まで登り返した。

九時四十分、消防に通報した。電話がどこの消防署に通じたのかは分からない。電話に出た担当者に雪崩事故発生と場所を伝えようとしたが、話がかみ合わない。都市型災害の救助が中心の消防。日本各地の消防に山岳救助隊が発足しているが、山岳遭難への対応がまだ不慣れなのだろう。話が通じないため、警察から折り返し電話がかかってくることになった。通報がスムーズにいかないことに二人は、もどかしさを覚えた。

消防から連絡を受けた北海道警察（道警）から、電話がかかってきた。ようやく雪崩事故発生、位置と状況を通報し、救助要請することができた。道警航空隊のヘリが出動するという。道警航空隊は札幌市内の陸上自衛隊丘珠駐屯地内にある丘珠空港を拠点に活動している。丘珠空港から大雪山まで五十分ほどかかる。十二時ころ、道警航空隊のヘリが救助に来ると伝えられた。そして二人は道警から、随時、低体温症の学生の状況を報告してほしいと依頼された。

スノーボーダー二人が戻り、三宅に十二時ころ、道警ヘリが救助に来ると伝えた。このとき正岡と合田は、すでに雪洞に収容されていた。

雪洞が完成

船坂と斎藤が作っていた雪洞が完成した。合田は歩いて雪洞に入った。正岡は歩くことができなかった。数人が抱きかかえ、ずるずると引きずって雪洞へ運んだ。

正岡の記憶があるのはこのあたりからだ。

まわりでいろんな人がしゃべっていた。何が起きているのか、理解ができなかった。しばらくして雪崩に流されたことを思い出した。

「まだ、生きている」

意識が戻ったが、体がまったく動かなかった。気分は〝お酒を飲み過ぎた感覚〟だ。自分が錯乱状態であることを認識できていなかった。まわりの人がしゃべっていることは認識できたが、何をしゃべっているのかわからない。視界がぼーっとしていて、見えているけれど認識ができない。すべてがぼやっと見えていた。全身の倦怠感が強く、体が非常に重く感じた。不思議なことに寒さは感じなかった。

雪洞に入っても正岡は、座位を保てなかった。雪面にマットを敷いて座らせ、背中側にもマットを当てて寄りかからせた。羽毛服、寝袋を体に被せて保温。正岡、合田の体はそれぞれ三個の湯たんぽのプラティパス、数個の桐灰マグマで温められている。

喜多山がチョコレートなど、甘くて食べやすい行動食をどんどん二人に食べさせた。食べれば食べるほど元気が出てくるようだ。低体温症の二人には、堅い固形物は食べづらい。喜多山が合田に穀類を主原料とするグラノーラであるフルグラを与えた。合田は空腹だった。喜多山がくれたフルグラを勢いよく口にかき込んだ。

「生きている」

二時間前に死を覚悟した合田。生きている実感が湧いた。泣きそうになった。

雪洞内で保温と加温

三浦はゼリー飲料のウイダーインゼリーを行動食に持っていた。正岡に食べたいかと聞くと、「食べたい」と言う。ザックの中で冷えていたので三浦の懐に入れて温め、人肌の温度にしてから正岡に与えた。正岡は、救出後に食べたものの中でウイダーインゼリーがいちばん美味しく、食べやすかったという。

雪洞の中は静かだった。風の音が聞こえてこない。朝からずっと苦しめられていた強風、風の音。雪洞の中の静寂。正岡は、雪洞に守られていると感じた。気持ちが落ち着き、安心できた。

喜多山がMSRの灯油コンロに火をつけると雪洞内は一気に暖かくなった。コンロが燃えるゴーという音。一年目のときからテントや雪洞の中で聞いている耳慣れたMSRコンロの音だ。コンロの音を聞いているだけで心が温まる。さらに安心し、心が落ち着いたのだった。

救出直後の正岡の体温は、三十度以下だったと三浦は推測している。雪洞に入り、二十分ほどすると正岡がガタガタと震えはじめた。体温が上昇してきた証拠だ。正岡の体温が三十二度から三十三度になったと三浦は判断した。そして硬直も収まりはじめた。

正岡を救出した直後、数時間以内に救助隊が来れば、正岡は助かるだろうと考えていた。もし救助が来ない、一晩ビバークすることになれば、正岡は助からないだろう。数時間以内の救助が可能になるのは、エアレスキューしかない。それが、三浦の判断だった。

二人のスノーボーダーにより、警察への通報ができていた。天気は回復し、晴れてきた。この天気なら、ヘリによる救助が可能になるだろう。たとえヘリが救助に来られなくても道警山岳遭難救助隊が来てくれるはずだ。

日が差し、暖かく感じるようになった。正岡は保温・加温され、温かな飲み物を飲み、甘い物を食べ、回復が進んでいる。三浦は正岡の命が救えると確信した。

警察へ通報を終えたスノーボーダーの二人が下りてきた。

「道警ヘリが十二時ころに来る」

三宅は雪洞内で合田と正岡を待機させ、道警航空隊の救助を待つことにした。

4人パーティの下山

冬山初心者の斎藤が、「寒い、寒い」と言って震えはじめた。雪崩の捜索救助訓練の経験がない斎藤は、救助活動中の運動量がほかの三人に比べ少なかった。そのため、寒さを感じていたのだ。斎藤をこれ以上、ここにとどめると低体温症になるかもしれない。白水沢を下山し層雲峡まで急いでも三時間かかる。リーダーである三浦は、自分のメンバーを無事に下山させる責任があり、二次災害を起こすわけにいかない。

スノーボーダーの連絡で、十二時ころ、道警航空隊のヘリが救助に来ることになっていた。彼ら二人は下山せず、ずっと待機してくれるという。三宅たちは泊まりの山行だったのでテント、コンロなど十分な装備を持っている。そして雪洞は、すでに完成している。山スキー部員たちはよく訓練され、山の知識も十分に持っていた。三浦たちが下山しても大丈夫だろう。もし救助されず、一晩ここに泊まることになれば食料が必要になる。三浦たちは、持っていた食料を置いていくことにした。

十時三十分、三浦たち四人が下山した。

スノーボーダーの二人は、正岡の状況を道警へ報告するため再び登っていった。

自力下山

雪洞の中は三宅、正岡、合田、喜多山の四人だけになった。

正岡の体が動かない状態が、雪洞に入ってから三十分ほど続いた。倦怠感が強く、腕も足もびくともしなかった。動くようになっても疲労感が強く、体がだるく重い。腕が動くようになったのは十一時三十分。ようやく自分で、スマホのログを止めることができた。

合田は雪洞の中で寒くてたまらなかった。埋没しているとき、体温で周囲の雪が融け、全身がびしょ濡れだったのだ。化繊の下着まで濡れていた。ＭＳＲコンロを手に持ち、衣類を乾かした。

正岡は小便をしたくなった。喜多山に手伝ってもらい雪洞から出て歩くと、全身に血が通った感じがした。元気になったと実感した。雪崩に埋没してから約四時間後、十二時ころのことだった。

雪洞の外に出た喜多山は、天気がよく、暖かかったのでそのまま外にいた。すると雪洞から五〇〇メートルほど下流の白水沢左岸の斜面で自然発生の雪崩が起きた。もし仮に、正岡たちが埋没した雪崩が発生した同じ斜面でもう一度雪崩が起きたら、同じ場所にデブリが到達する。雪洞が埋まることを想像した喜多山は、怖くなった。下山するまで雪洞に入らなかった。

十二時過ぎ、道警航空隊の小型ヘリ「ぎんれい2号」が飛来し、旋回を繰り返したが飛び去った。連絡役のスノーボーダーが下りてきて、気流が悪く、小型ヘリでは現場に進入できない。北海道防災航空隊の中型ヘリが救助に来ると伝えた。

十三時二分、北海道防災航空隊の中型ヘリ「はまなす2号」が二番機として飛来した。しかし、白水沢上空で乱気流に阻まれ、北海道防災航空隊も救助を断念、離脱した。

連絡役のスノーボーダーが室政孝。室は、現場と通報地点を六往復した。厳冬期の白水沢に来る人は少ない。三宅は室に尋ねた。

「上川岳を滑った小野さんを知っていますか?」

「はい、滑り仲間です」

死を覚悟した合田爽馬（右）は、希望した環境コンサルタントに就職。三宅は東京で銀行員として働く

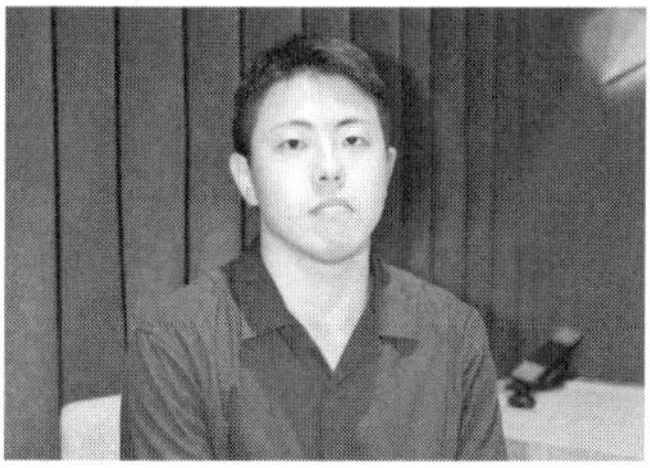

「ここで死ぬのか」と死を覚悟した正岡由仁。北大を卒業し、故郷で公務員になり土木技師として働いている

スノーボーダーの室政孝はコンパニオン・レスキューに加わり、警察との通信を担当

コンパニオン・レスキューに加わったバビシェ・マウンテン・クラブの左から古藤、移植外科医の三浦、船坂。彼らが、正岡の生存救出に貢献した

救助協力をしたスノーボーダー室が、三宅が小野から見せてもらった上川岳東斜面滑降映像のスノーボーダー本人だったのだ。

雪崩の教訓

正岡が自力下山できるまで回復、室たちに先導され白水沢を下山することを決めた。十五時、下山を開始した。

「体は、ほぼ正常に戻っていました。少し倦怠感と疲労感がありました。精神的に落ち込んでいました。雪崩事故を起こし、みんなに迷惑をかけて申し訳ない。ちゃんと歩いて帰らなくては……」

十六時、道警山岳遭難救助隊に合流。十八時、全員が層雲峡に下山した。

北大を卒業し、東京で銀行員として働く三宅靖風。二〇二二年夏、再びインタビューを行なった。

三宅たちは共同装備として六ミリ、三〇メートルのロープを持っていた。

「ロープはなんのために持っていたの？」

「使うとすれば、アイゼンで急斜面を下るときを想定していました。現実的には、使えなかったと思います」

「なぜ？」

「毎冬、ロープを使って確保の練習をしています。でも現実的にロープ確保の技術が使えるレベルではなかったと思います」

「トラバースせず、ロープを使い、灌木の生えている右岸の尾根を下ることは考えなかったのですか？」

「視界がなくて斜面がどこまで続いているのかわかりませんでした」

「灌木が生えているから、支点を取ることができたと思うけど？」

「ノール地形を避け、安全のためにロープを使って下る考えは少しもありませんでした」

補助ロープを使って白水沢へ下っていれば、雪崩事故を回避できたと私は思う。

インタビューの最後に雪崩事故を起こした卒部山行の総括を尋ねた。

「自分の能力と上川岳を滑っている人の能力は、同じなのか。考えれば、向こう見ずな山行でした。登っている途中からうすうす感じていたんですけど、たぶん一年目の喜多山の技術レベルでは上川岳東斜面を滑れない。滑らせたくないと感じていました。無茶な計画でした」

降雪結晶が弱層となった雪崩分析

解説＝尾関俊浩

二〇二〇年二月二十八日　白馬乗鞍岳裏天狗の雪崩の弱層形成と上載積雪の形成

この白馬乗鞍岳裏天狗で発生した雪崩は面発生乾雪表層雪崩であり、シャベルコンプレッションテストの結果から積雪層内に弱層があったことがわかっている。雪崩の発生区は標高二一五〇メートルの東斜面で急斜面、雪崩の幅は最大で二五メートル、走路長約五〇〇メートルと報告されている。この雪崩では積雪断面観測は行なわれておらず、弱層を構成する結晶の観察結果や結晶の写真は残っていないものの、弱層は降雪結晶であったと見られている。なお、発生区での観測がないので、破断面の厚さや正確な斜度は記録されていない。

それでは、雪崩が発生するまでの気象の変遷から、弱層の形成とその後の上載積雪の形成の過程を見てみよう。二月二十八日の雪崩発生以前に日本付近を通過した低気圧を図①に示す。矢印は低気圧の軌跡であり、二月二十五日から二十六日にかけて本州の南岸を通過した様子がわかる。図の日付は、同日九時の低気圧の位置を示している。この南岸低気圧が今回の雪崩につながる積雪構造のカギとなってくる。

白馬乗鞍岳の周辺には、気象庁の地域気象観測所（アメダス）や防災科学技術研究所（NIED）

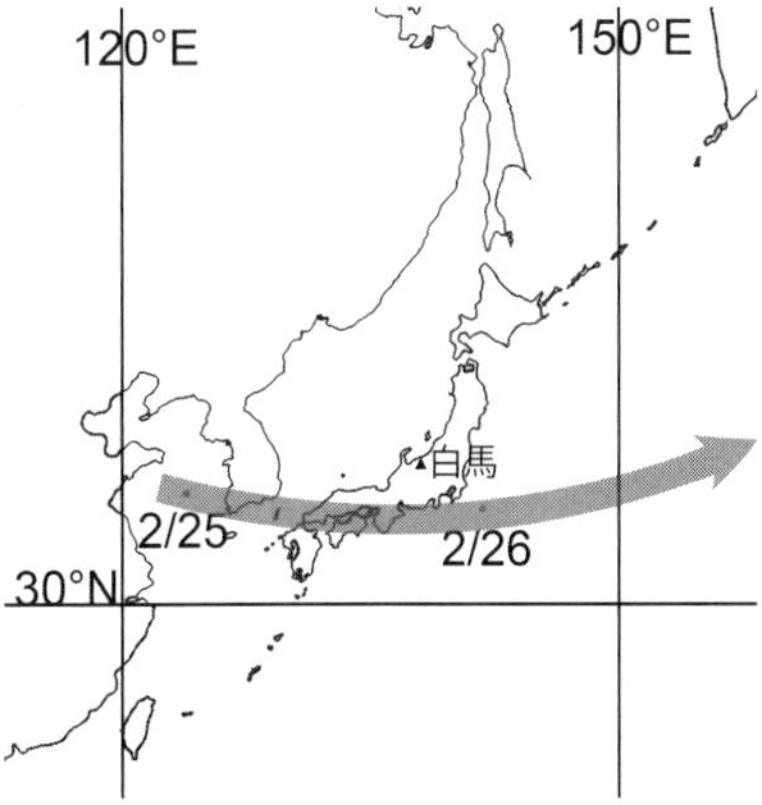

図①　2020年2月28日前に日本付近を通過した低気圧。日付は同日9時（JST）の低気圧の位置

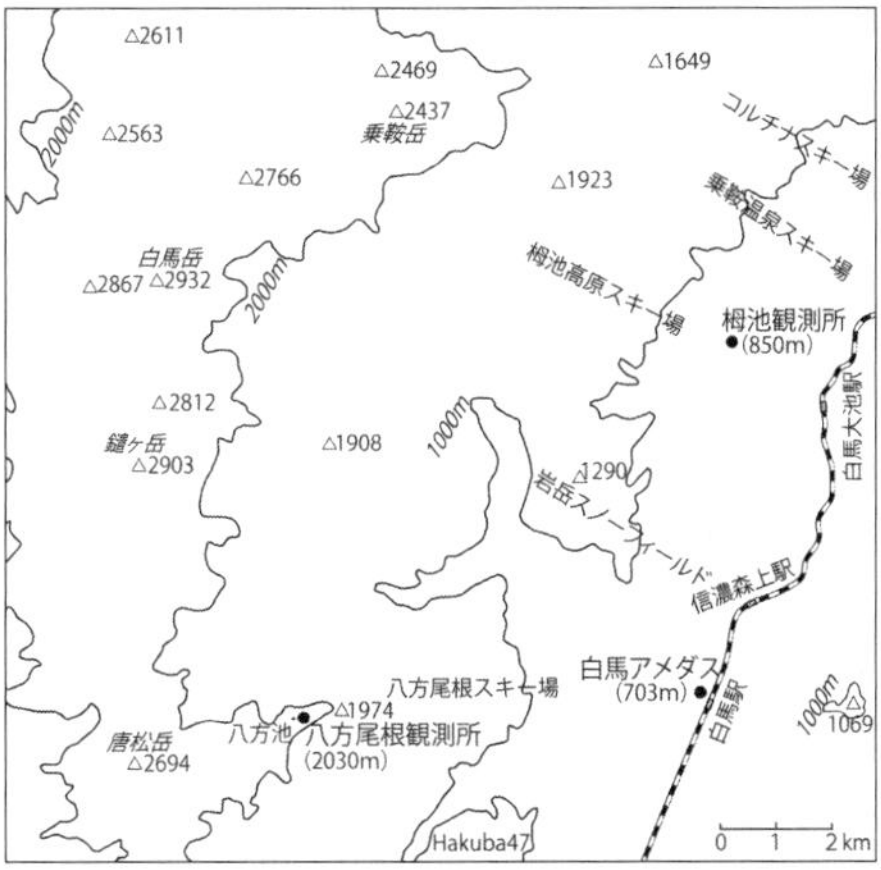

図②　白馬エリアにある気象観測所。白馬アメダスと防災科学技術研究所の八方尾根観測所、栂池観測所

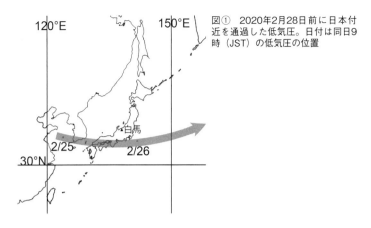

雪氷防災研究センターの気象観測所がいくつかある（図②）。この地域は北アルプスの山々が南北に連なり、日本でも有数のスキー場がその東斜面に点在している。麓が標高約七〇〇メートル、一番高い白馬岳が標高約二九〇〇メートルと標高差二〇〇〇メートルほどもあり、気温も風速も高低で大きな差があるのが特徴である。さて、気象観測所であるが白馬アメダスは白馬駅に近い標高七〇三メートルにあり、風向・風速、気温、降水量、日射量と積雪深を観測している。また、図②の地図からは外れるが、約三〇キロ東には長野地方気象台があり気圧を測っている。雪崩が発生した裏天狗の標高は二二〇〇メートルほどであるが、NIEDは八方尾根スキー場から尾根沿いに上がった八方池に近い標高二〇八〇メートルに八方尾根気象観測所を設置して、風向・風速と気温を観測している。また、乗鞍岳の麓にあたる栂池高原スキー場の標高八五〇メートルに栂池気象観測所があり、風向・風速、気温に加えて積雪深と湿度を計測している。

図③に二月二十二日から、雪崩が発生した二月二十八日までの各観測所での気象データを並べて表示した。上から順に白馬アメダスの日照時間、降水量、八方尾根気象観測所と栂池気象観測所（両所ともNIED）の気温、八方尾根気象観測所の風向と風速、そして長野地方気象台における海面気圧と、栂池気象観測所における積雪深である。二月二十二日には北海道を発達した低気圧が通過し、この地域も低気圧から延びる前線が通過している。それに伴い気圧が低下し、低気圧による降雪とその後の冬型による降雪によって積雪深が四〇センチ増加している。二十四日は麓では晴れており、八方尾根の観測所では気温は氷点下に保たれていたものの、標高の低い栂池の観測所では気温が四℃まで上がった。標準減率〇・六五℃／一〇〇メートルを当てはめると、裏天狗の標高では

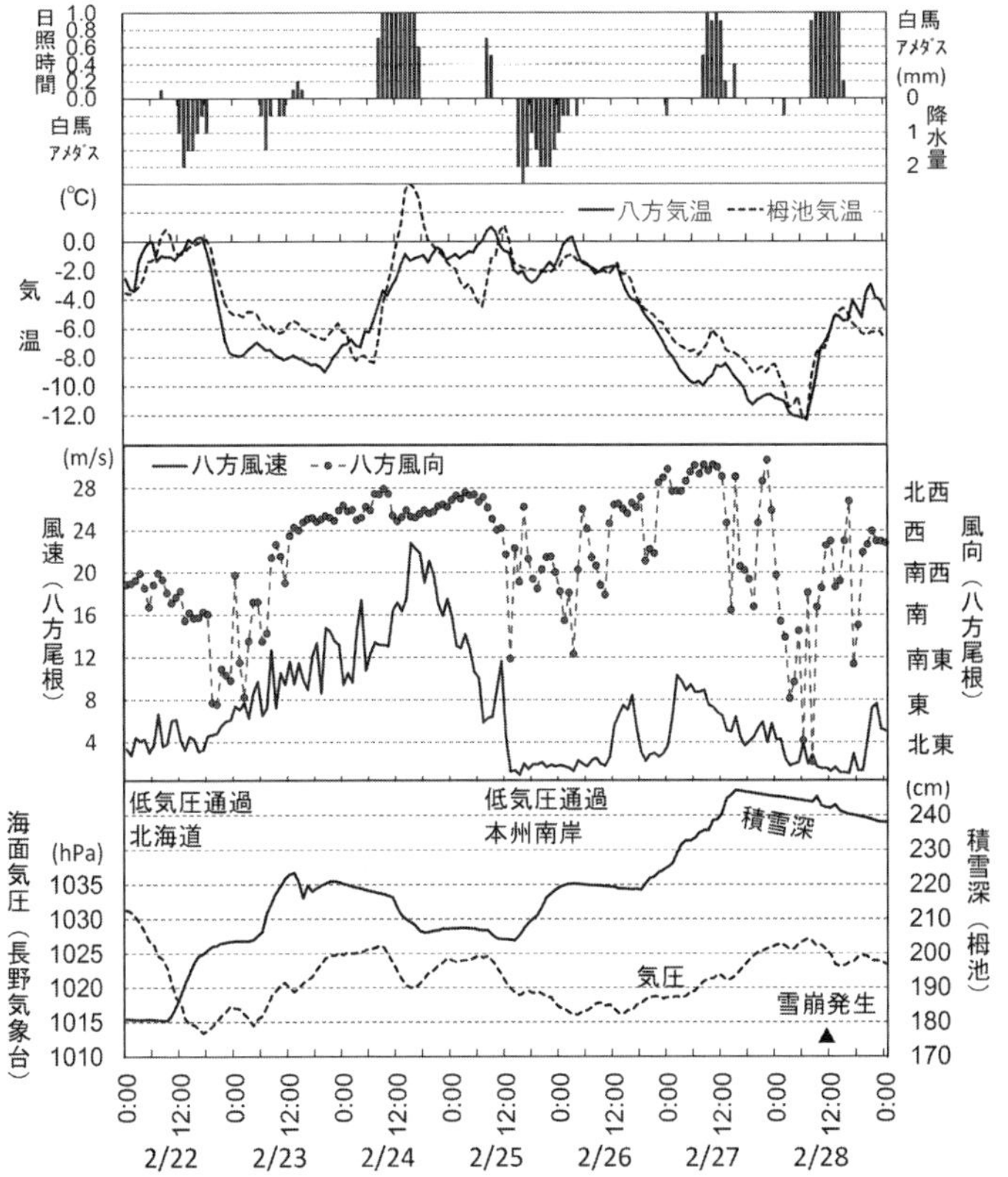

図③　周辺気象時系列データ（2020年2月22日～28日）。八方尾根と栂池はNIED提供データを使用

マイナス四℃程度まで気温が上昇したと予想される。八方尾根でこの日の日中マイナス二℃程度であったことから、この気温はほぼ妥当な値であることがわかる。二十四日の風は八方尾根（図③3段目）で秒速二〇メートルを超える西風が吹いており、標高の高いエリアでは荒れていたことがわかる。降雪結晶の弱層は、この二十四日の天候以降に形成されたと考えられる。

二月二十五日から二十六日にかけて図①に示したように本州の南岸を低気圧が通過しており、それは気圧の変化（図③4段目）にも現れている。八方尾根では風向は南に変わり、風が弱まった時間が続いている。白馬乗鞍は白馬エリアの北寄り、八方尾根は南寄りなので、必ずしも風向風速は同じではないが、おおよそ弱い風の中で雪が降り出したことが推定される。後述するように、このような低気圧が近づいてくるときの弱風での降雪時に降雪結晶系の弱層が形成されることが多い。そして八方尾根では低気圧通過時に積雪が二〇センチ弱増加し、低気圧通過後に三〇センチ弱の積雪深の増加が見られた後、二月二十八日に雪崩が発生している。このとき増加した積雪が弱層の破壊とともに雪崩層となって流れ下ったと考えられる。白馬エリアは、南岸低気圧通過に伴って降雪があり、しばしば雪崩が起きることが報告されており（6）、今回もこのパターンに該当するようである。

二〇二一年二月二十八日　上川岳の雪崩の弱層形成と上載積雪の形成

この上川岳で発生した雪崩については事故発生後の地吹雪で破断面が埋没したことから前出の「雪氷災害調査チーム」による積雪調査は行なわれていない。しかし、現場にいて救助活動にも関

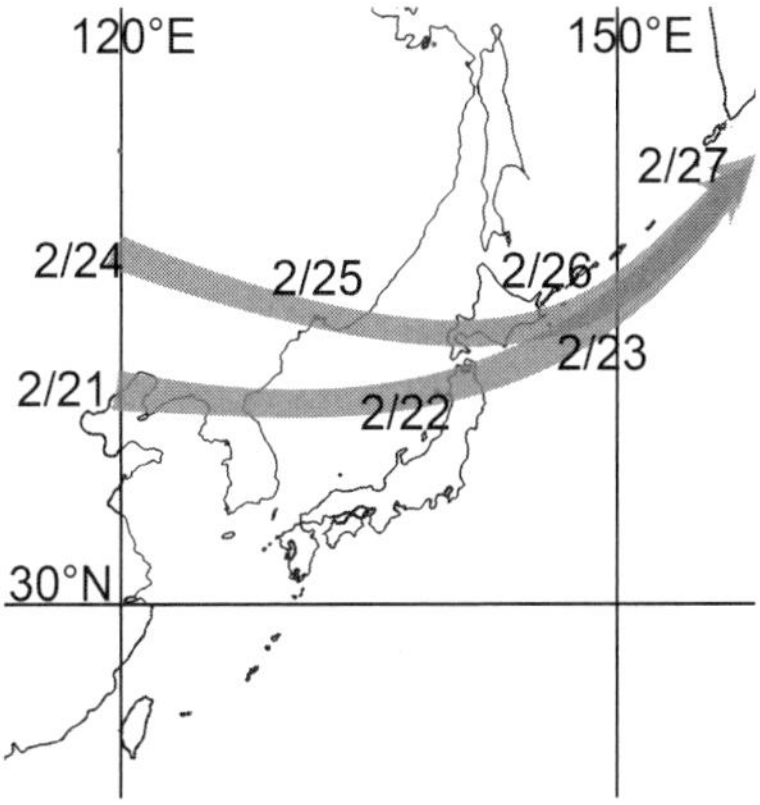

図④　2020年2月28日前に日本付近を通過した低気圧。日付は同日9時（JST）の低気圧の位置

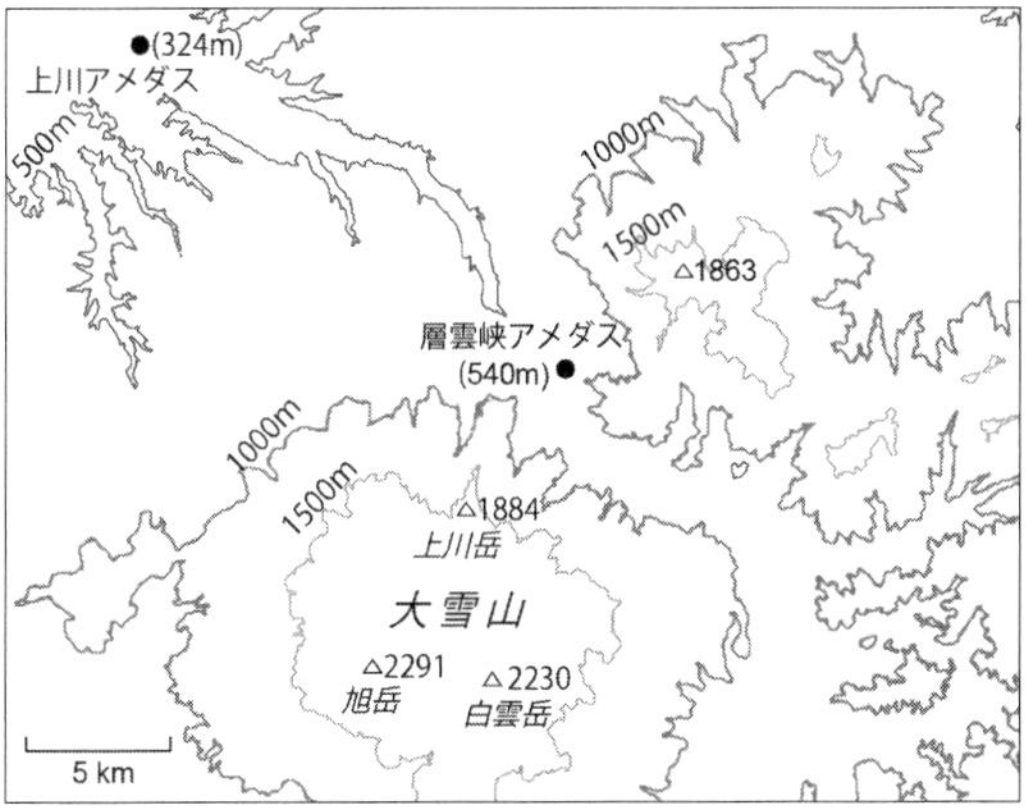

図⑤　上川岳周辺にある気象観測所。層雲峡アメダスと上川アメダス。2000mの等高線は省略

わったパーティから情報収集を行なっている。この雪崩は面発生乾雪表層雪崩であり、簡易な積雪安定度テストの結果から積雪層内に何層か弱層があったことがわかっている。本格的な積雪調査がないことから弱層を構成する結晶を断定できていないものの、弱層は降雪結晶であったと見られている。それでは、雪崩が発生するまでの気象の変遷から、弱層の形成とその後の上載積雪の形成の過程を見てみよう。

雪崩の発生した斜面は標高一五四〇メートルの東北東斜面、斜度はおよそ四十度である。雪崩の規模は幅二〇～三〇メートル、長さ約一〇〇メートル、破断面の厚み一〇～一五センチであった。

二月二十八日の雪崩発生以前に日本付近を通過した低気圧を図④に示す。矢印は低気圧の軌跡であり、二月二十二日から二十三日にかけて北海道の南岸を低気圧が通過した。さらに二月二十五日から二十六日にかけて北海道上空を通過した。図①と同じく図中の日付は同日九時の低気圧の位置を示している。この二つの低気圧通過が今回の雪崩につながる積雪構造のカギとなってくる。

大雪山上川岳の周辺には、気象庁の地域気象観測所（アメダス）がいくつかある（図⑤）。この地域は表大雪の北側を層雲峡が東西に横断していて、国道39号線が走っている。谷が深く、複雑な地形となっている。雪崩現場に最も近い気象観測所は標高五四〇メートルにある層雲峡アメダスであり、降水量と降雪量、積雪深を観測している。標高三二四メートルには上川アメダスがあり、風向・風速と気温、降水量、降雪量、日照時間を観測している。また、図⑤の地図からは外れるが、約四〇キロ西には旭川地方気象台があり気圧を測っている。

図⑥に二月二十二日から、雪崩が発生した二月二十八日までの各観測所での気象データを並べて

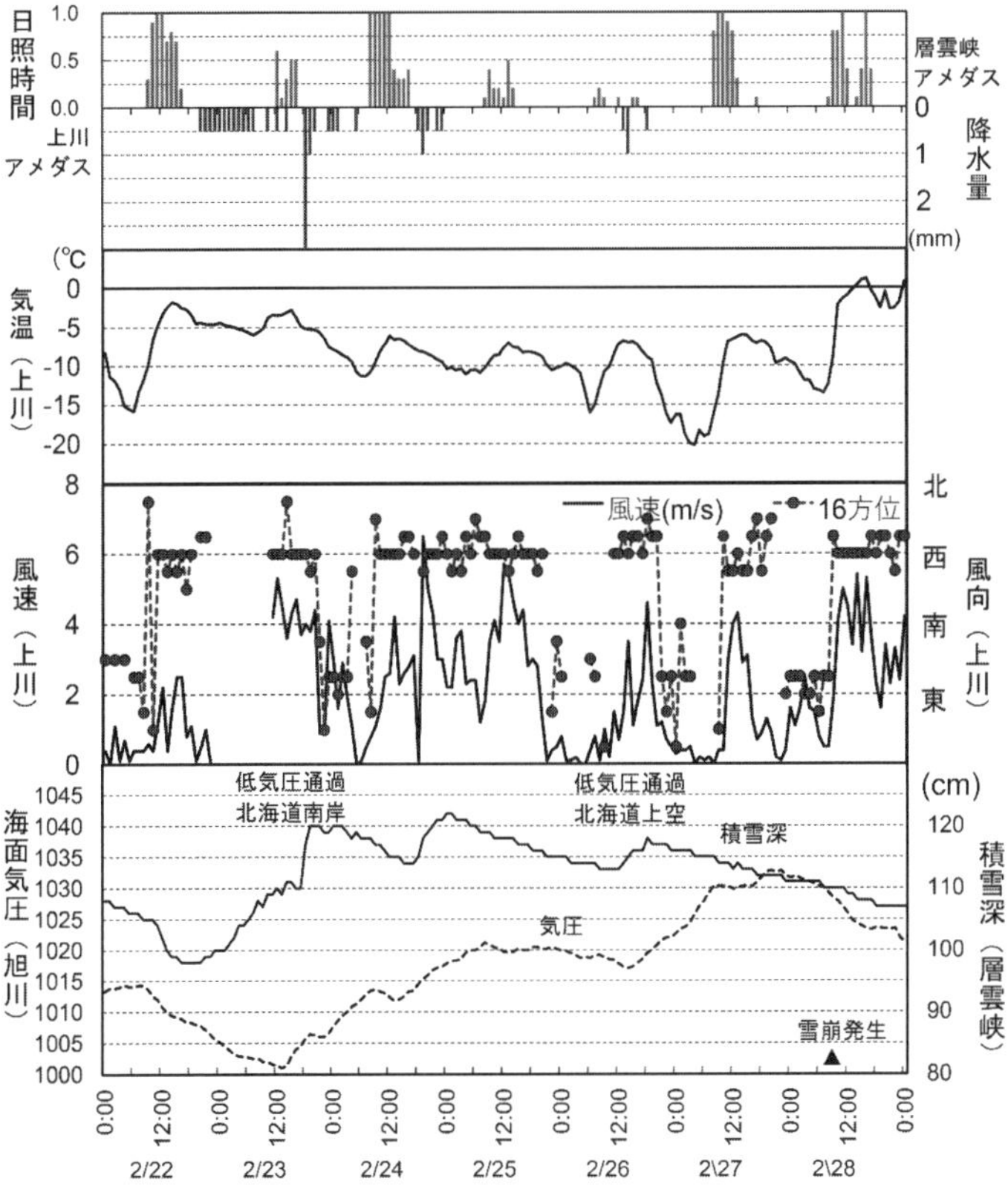

図⑥　周辺気象時系列データ（2021年2月22日～28日）

表示した。上から順に上川アメダスの日照時間、層雲峡アメダスの降水量、上川アメダスの気温、風向と風速、そして旭川地方気象台における海面気圧と、層雲峡アメダスにおける積雪深である。最下段を見ると二月二十二日から二十三日にかけて北海道南岸を低気圧が通過したときの気圧低下がはっきりと現れている。この低気圧による降雪で層雲峡では積雪深が二二センチ増加している。最上段の降水量を見ると低気圧が接近している間は弱い降水が続いていた。この間は風速が弱く、その後欠測となった。復帰後は低気圧通過中であり秒速四メートルを超える風が吹いていた。樹林限界を超える標高の高いエリアではさらに強い風が吹いていたことが予想され、地形によって風上で削剥、風下で堆積が起きるような風が吹いていたであろう。この南岸低気圧が接近してきた時期に雲粒の付着のない結晶が降って、弱層を形成した可能性がある。図⑦左の写真は二十三日朝に札幌市北区で観測された雲粒の付着のない結晶である。現地と札幌では一四〇キロ離れているものの、同じ低気圧の接近による降雪なので参考になる。現地でも時間差はあると考えられるが、同様の雲粒の付着のない結晶が降った可能性がある。

この低気圧通過後、麓では晴れたり降雪したりしながら、次の低気圧の接近を迎えている。図⑥の3段目を見ると、このときも接近時には風が弱まり、南東寄りの風が吹いている。どのような結晶が見られたか、二十八日朝の札幌市北区の観測結果を見ると、、雪面に近い積雪の中にやはり雲粒の付着のない結晶が残されていた（図⑦右）。この低気圧は東進して千島列島付近で発達し、二十八日には現場で天候の悪化を招いた。見てきたように上川岳の事例の場合は、表層雪崩の原因となった弱層が形成された時期は、この二つの低気圧の接近時のどちらかであろうと思われる。し

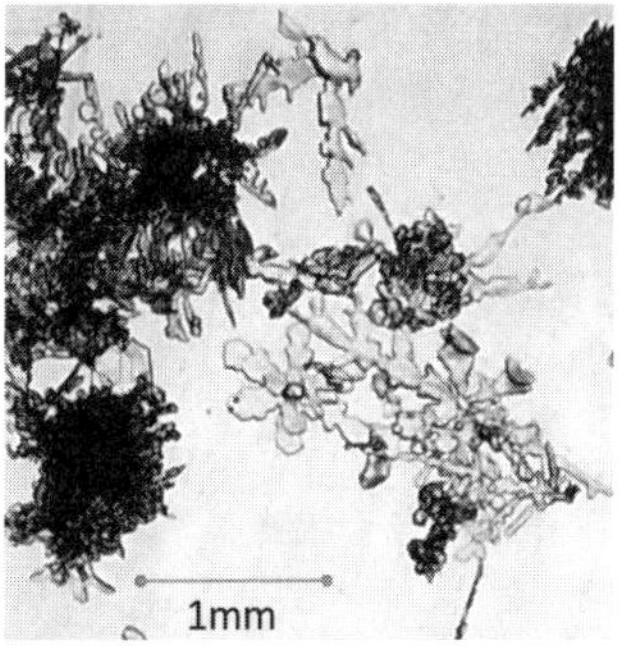

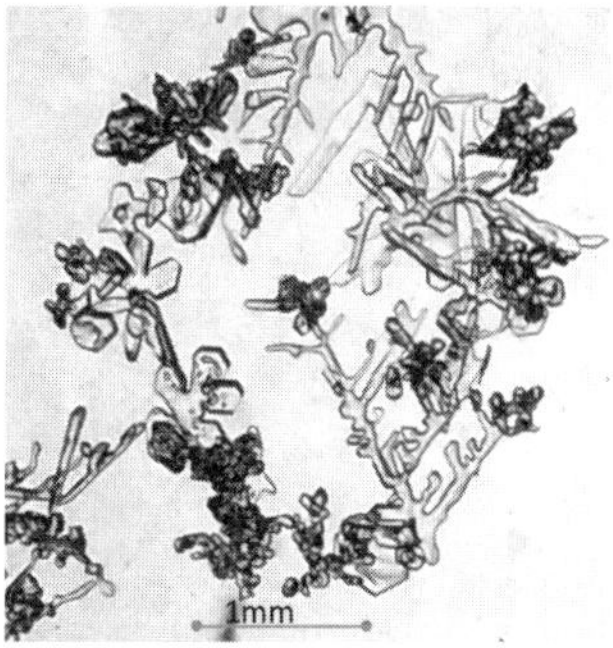

図⑦　札幌市北区で観測された雲粒の付着のない結晶。左2月23日朝、右2月28日朝（写真提供＝秋田谷英次）

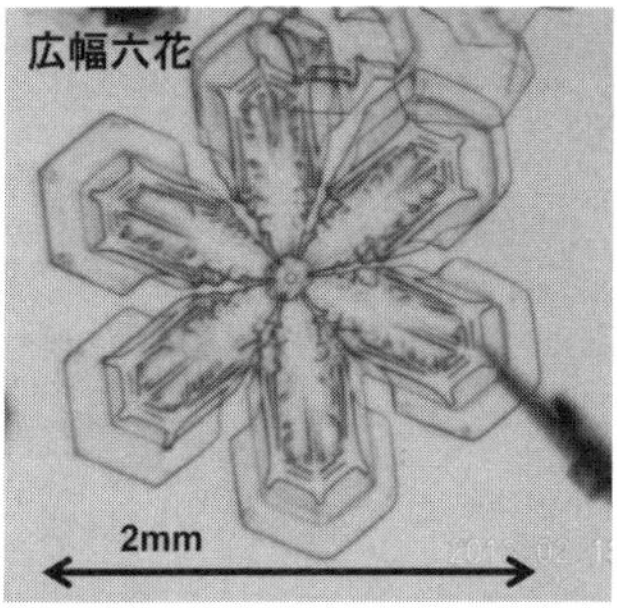

図⑧　雲粒の付着のない結晶の例（写真提供＝秋田谷英次）

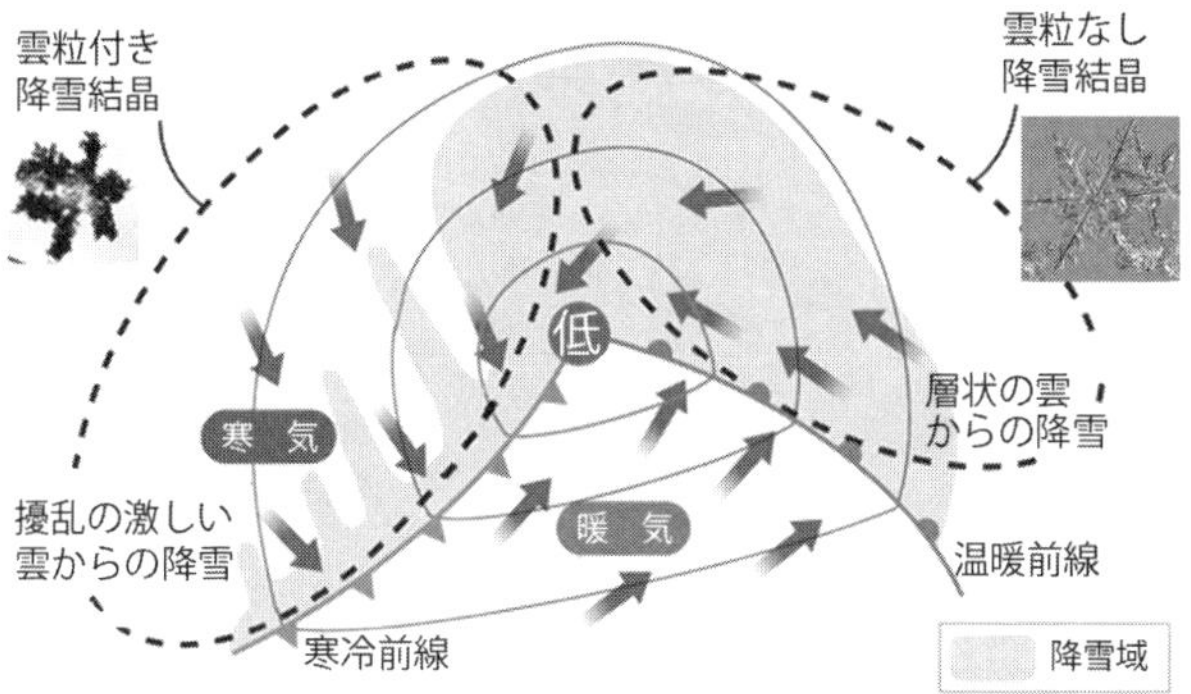

図⑨　低気圧の模式図。グレーの領域が降雪域。低気圧の前面側で雲粒の付着のない結晶が降りやすい

かし、森林限界より標高の高いエリアでは層の形成に風の影響が強く働くので、どちらが該当するかを確定するには情報が不足している。現在、山岳域での積雪の移動や、雪の結晶の種類を推定する研究が進められているので、近い将来にはより充実した情報が得られるに違いない。

雲粒の付着がない雪の結晶が弱層を形成する場合

上述したように、低気圧が通過し降雪があった後に表層雪崩が発生する例がしばしば見られる。この雲粒の付着のない結晶が弱層を形成するメカニズムについて見ていこう。

風が弱い時に、雲粒の付着していない大粒な結晶が積もると、空隙が大きくて密度の小さな層を作る。この層を構成する結晶は隣の雪粒との接触点が少なく、周りの層よりも破壊強度が小さな弱層になりやすい。また、焼結が進みづらいので数日間は積雪内の不安定要因となる。典型的な結晶は図⑧に示した広幅六花だが、角板や樹枝六花などの板状結晶群や、角柱や鼓、砲弾、針などの柱状結晶群でも、このタイプの弱層を形成することがある(2)。特徴は雲粒が付着していないだけに、光が当たるとキラキラと光る綺麗な結晶であることで、厚く積もるとサラサラとして崩れやすい層を作る。しかし、弱層になるにはほんの数ミリの層厚で十分なので、比較的短時間のうちに形成されてしまうことがあり、注意が必要である。

低気圧が近づいてくるとき、この雲粒の付着のない結晶が積もることがある。図⑨に低気圧の模式図を示しながら、降りやすい雪の種類を解説しよう。低気圧の東側では南寄りの風が吹き込み、層状雲を作る。この低気圧の前面で降る雪は雲粒の付着のない結晶になることが多い（図⑨の右側グレーの領域）。さらに低気圧が東進すると、寒冷前線の通過とともに鉛直方向に発達した雲（擾乱の激しい雲）から、雲粒が付着したまとまった量の降雪があることが多い（図⑨の左側グレーの領域）。さらに低気圧が日本の東に遠ざかると、西高東低の冬型となって、季節風型の降雪が弱層の上に載ることもある。この季節風型の降雪も雲粒が付着していることが多い。これらの雲粒の付着のない結晶は前線を伴っている低気圧だけではなく、前線を伴わない低気圧の通過時にも降ることがある。また、気圧の谷の通過時にも降ることがあるので、注意が必要である。

おわりに

積丹岳雪崩事故と雪氷災害調査チーム

雪崩で死亡した北大生は二十八名

北海道大学スキー部が創部されたのは一九一二年。まだ「競技スキー」という概念が日本になかったため、スキーは雪山を登る、下るために使われる道具にしかすぎなかった。国内で競技スキーが隆盛になり、スキー部は「競技班」と「山班」に分かれて活動を行なうようになり、一九二六年に北大山岳部がスキー部から独立した。

北海道で初めての雪崩事故は一九四〇年十二月に上ホロカメットク山を下山していた北大山岳部員二名が死亡した雪崩事故だ。弱層は「しもざらめ雪」だった。二〇〇七年に上ホロカメットク山で発生した二件の雪崩事故と同じ弱層だ。

日高山脈のペテガリ岳冬季初登頂を目指していた北大山岳部は一九四三年一月、コイカクシュ札内岳から札内川へ下山しているとき雪崩を誘発し、八名が死亡した。一九六五年には札内川十ノ沢出合で雪洞が自然発生した雪崩に埋まり、六名が死亡した。雪崩で死亡した北大山岳部員は十六名になった。

北大スキー部は創部五十年となった一九六二年、さらに「競技スキー部」と「山スキー部」に分離する。一九七二年十一月、旭岳盤ノ沢に幕営していたパーティが、自然発生した雪崩に埋没して五名が死亡した。

こうしてわずか三十二年間で山岳部と山スキー部の学生二十一名が雪崩で死んだ。山岳部も山スキー部も雪崩研究会を設置し、雪崩の発生メカニズム、捜索救助法などの研究に取り組み、雪崩事故の防止に務めていた。

ワンダーフォーゲル部、探検部などの雪崩死亡者を含めると二〇二三年冬までに北大生二十八名が雪崩で死亡している。ひとつの大学で二十八名もの学生が雪崩で死亡するのは、異常と言わざるをえない。

私は北大生を雪崩から守ることが、学生とOBの責任、使命だと考えている。山スキー部OBの私、山岳部OBの樋口和生、北大低温科学研究所で雪崩の発生メカニズムを研究していたワンダーフォーゲル部OBの故・福沢卓也の三人で一九九一年に雪崩事故防止研究会を設立した。

北大で培ってきた〝雪崩学〟を広く社会に啓発し、登山者、スキーヤーの命を雪崩から守りたかったのだ。そして私たちは登山界の常識を変えることをめざしていた。

スノーモービル愛好家四名が死亡した積丹岳雪崩事故

二〇〇七年三月十八日、積丹岳《しゃこたんだけ》（一二五〇メートル）の南斜面で雪崩が発生。スノーモービル愛好家、スノーボーダーら二十二名のうち一名が死亡、三名が行方不明、一名が重傷を負った。十九日午前五時から道警と自衛隊が捜索を開始するという。私の職業はビデオジャーナリスト。北海道テレビ放送ＨＴＢの契約記者で特集ニュース「ＭＩＫＩＯジャーナル」を担当していた。

北海道で四名以上が死亡する雪崩事故は、旭岳盤ノ沢雪崩事故以来、三十五年ぶりの発生だった。私は積丹岳雪崩事故を調査したいと思った。

十九日未明、余市警察署で道警の山岳遭難担当者に救助隊に同行したいと希望を伝えた。雪崩事故防止研究会が主催する講習会に道警と消防の救助隊員たちがたくさん参加していた。一九九〇年代前半、雪崩と雪の科学、雪崩捜索救助法を学べる講習会は雪崩事故防止研究会が主催する講演会、講習会しか北海道にはなかった。余市警察署長が「雪崩の専門家として同行すること」、「報道しないこと」を条件に救助隊への同行を許可してくれた。

救助隊は道警山岳遭難救助隊松本孝志隊長以下六名、陸上自衛隊二十一名、そして雪崩事故を起こしたスノーモービル愛好家たちだった。指揮をとるのは松本隊長だ。

スノーモービルと雪上車に分乗し、事故現場付近のピリカ台へ向かった。ピリカ台周辺の稜線は強風で視界がなかった。昨日から強風が吹き続けているため、風下側の南斜面に吹きだまりの発達が予想された。スノーモービル仲間らは殺気立ち、松本隊長を怒鳴っていた。

「俺たちはいつもこの辺から下っている。早く下りて捜索をしろ」

怒鳴られても松本隊長は表情を変えなかったが、苦悩しているように見えた。

私は新田式ハンドテストを行なった。あられの弱層があり、雪の円柱を横方向にわずかな力で押すと破断した。風下になる南斜面は危険にちがいない。

「あられの弱層があります。南斜面は雪崩の危険性が高い。昨日、登りに使った斜面にロープを設置し、下りましょう」

スノーモービルを支点にし、延長二〇〇メートルの固定ロープを設置。ロープを伝って全員が南斜面を下り、雪崩事故現場へ向かった。

デブリ末端が広範囲に大量のあられに覆われていた。なぜ、デブリ表面に大量のあられがあるのか。あられは丸く、ころころと転がっていく。あられはどこから流れてきたのだろう。

行方不明になっているスノーモービル愛好家は、誰も雪崩トランシーバーを身に付けていない。私は埋没可能性が高い場所をアドバイスした。プローブによる捜索が始まった。自衛隊員が整列し、埋没可能性が高いデブリ範囲のプローブ捜索を開始した。二十名が一列に並び、指揮官が号令をかけ、プローブを雪に刺していった。道警の救助隊員六名は、灌木の周辺のスポットプロービングを開始した。陸上自衛隊の指揮官に尋ねた。

「一糸乱れず正しいプロービングをやっていますが、普段から訓練を行なっているのですか？」

「今日初めてです。ここに来てから私が教えました」

「プローブ捜索の方法は、誰に習いましたか？」

「樋口和生さんです」

雪崩の弱層はあられ

二〇〇七年三月十八日十二時過ぎ、風速一五メートル、視界二〇メートルと天候が悪化したためスノーモービル愛好家ら二十二名は、下山することにした。しかし、斜度が急すぎてスノーモービルは稜線へ上がれなかった。稜線直下の斜度は三十八度もあった。もっとも大きな排気量のスノーモービルで、もっとも運転がうまい愛好家が斜面下方から右斜め上へ斜登高し、

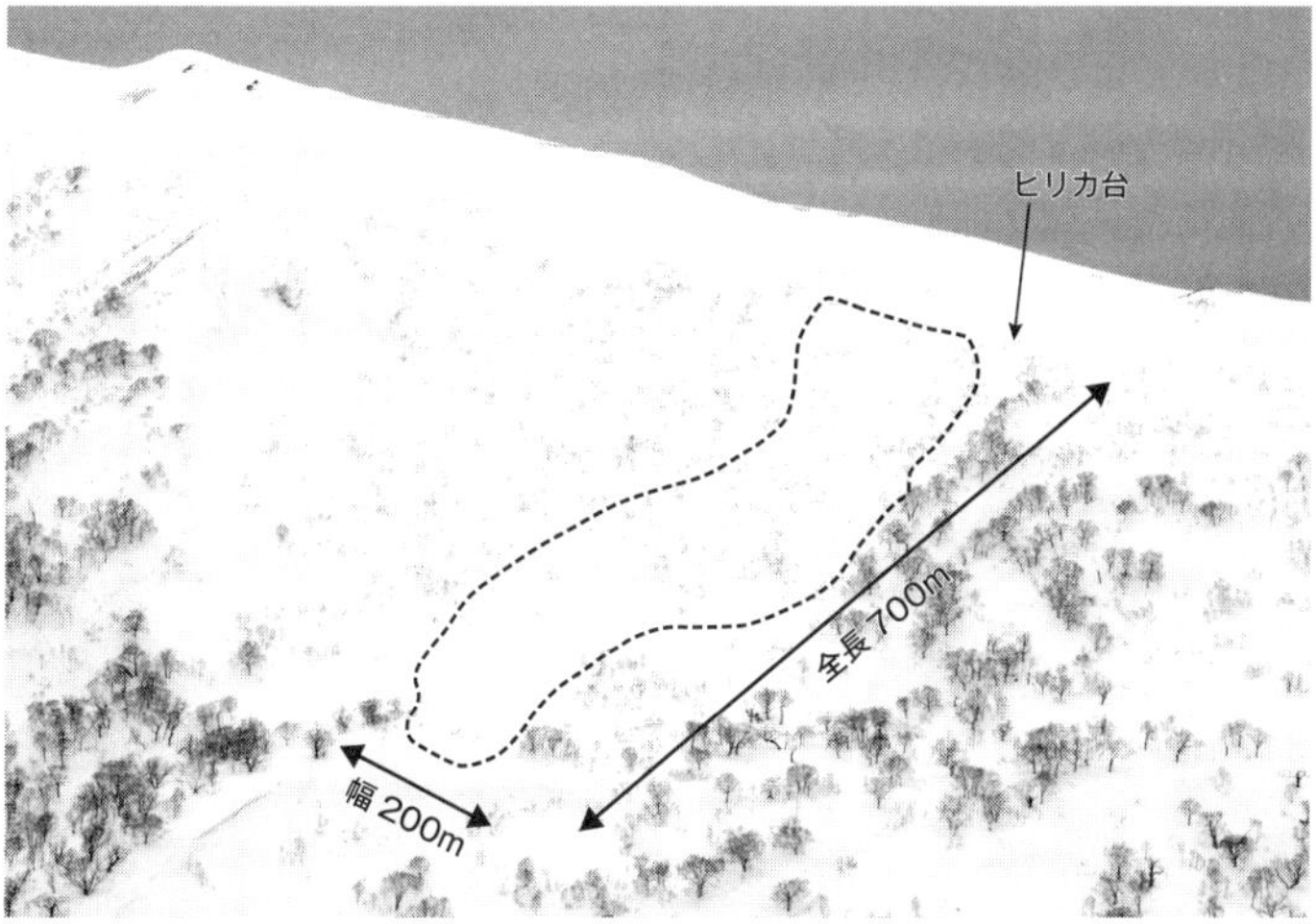

４名が死亡した積丹岳ピリカ台南斜面の雪崩事故現場。北海道テレビ放送HTBのヘリから空撮、2007年３月26日

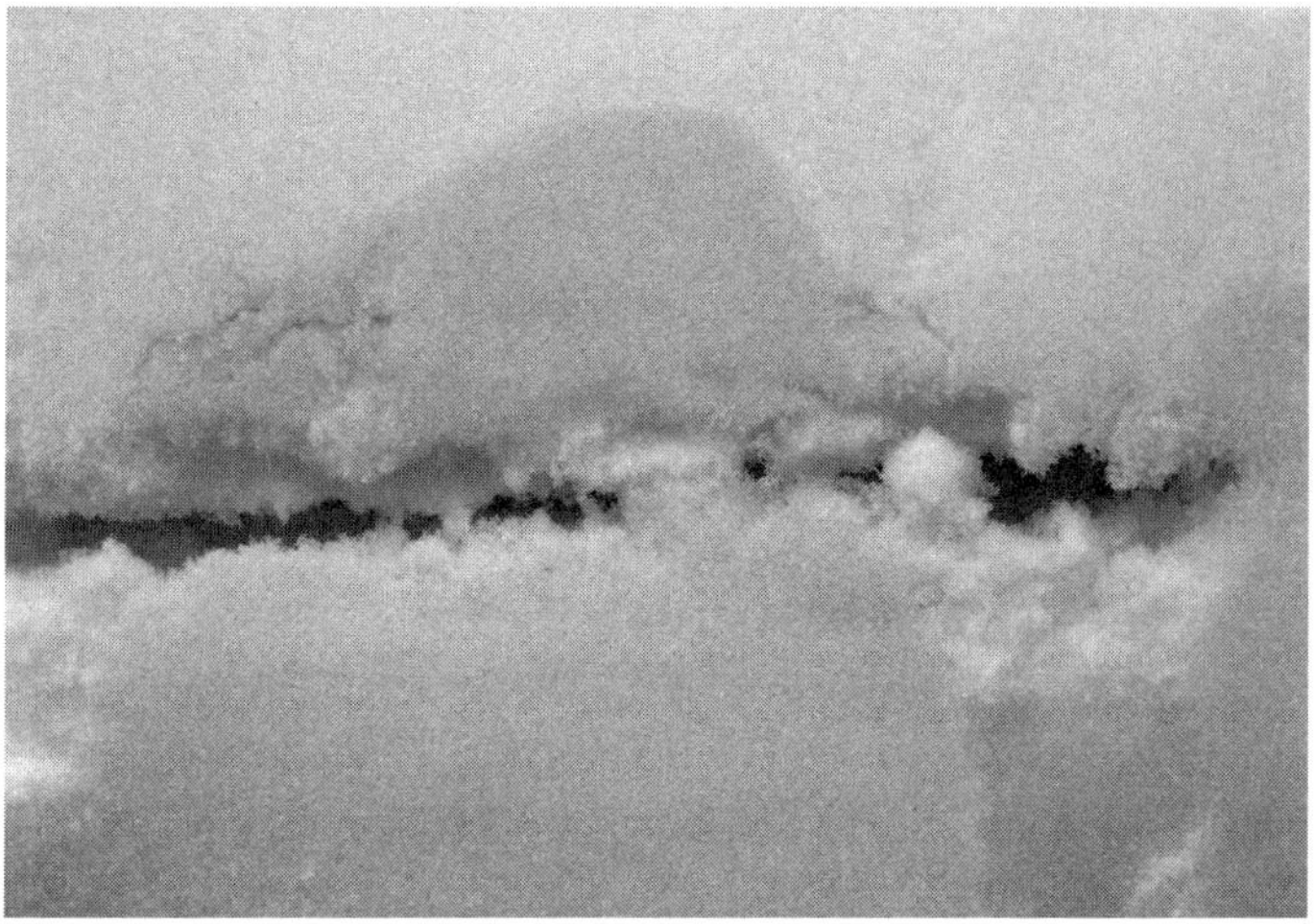

雪面から80センチの深さにあったあられの弱層。スノーモービルの衝撃でこの弱層が破断、雪崩が発生した。2007年３月19日

稜線に到達できた。その瞬間、斜面が破断、雪崩が発生した。雪崩発生を目撃した瞬間にスノーモービルは反転し、十六名の仲間が待機していた下方に向かって直進した。雪崩はスノーモービルより速かった。彼は左へハンドルを切り、雪崩をかわして逃げた。十六名は逃げたものの雪崩の直撃を受けたのだった。雪崩は幅二〇〇メートル、長さ七〇〇メートルを流れていた。プローブ捜索を開始して一時間、異物にプローブが当たった。掘ると深さ一・五メートルに一人が埋まっていた。その三メートルほど横にもう一人が埋まっていた。付近を捜索すると三人目が見つかった。すでに体は死後硬直し、スノーモービルのハンドルを握りしめた体勢だった。松本隊長が遺体に向かって手を合わせ、祈った。

三名の遺体を道警航空隊のヘリが収容することになった。

収容の合間に、私は四名が死亡した雪崩の原因を突き止めたかった。シャベルコンプレッションテストを行なった。雪面から八〇センチの深さにあられの層があり、破断した。あられの弱層の上載積雪である八〇センチの新雪は、十七日午後から十八日午後までの降雪とその後の強風による吹きだまりだった。

四名が死亡した積丹岳雪崩事故は、スノーモービルの刺激によりあられの弱層が破断して起きたことが分かったのだ。デブリ末端のあられの堆積は、南斜面に広がっていたあられの弱層が崩れ、あられが転がり落ちたものだった。

研究者たちの調査

偶然、札幌に来ていた防災科学技術研究所の上石勲と山口悟が積丹岳雪崩事故の現場を調査したいと望み、北大低温研の研究者と北海道教育大学の尾関俊浩が同行することになった。研究者たちだけで雪崩事故現場へ行くには不安が残る。捜索に参加した私と山岳ガイドの樋口和生が同行することになった。

三月二十日、私たちは積丹岳ピリカ台まで登った。樋口と私で四名の研究者をロープで確保し、稜線直下の南斜面に下ろして積雪断面の観察を行なった。雪温、雪質、密度、雪の剪断強度などを測定、調査は約二時間に及んだ。

その後、四月上旬までに尾関俊浩、樋口和生と私は北海道警察に同行し、雪崩事故現場の調査を二回行なった。プローブで測深し、デブリ範囲を特定し、幅二〇〇メートル、長さ七〇〇メートルの規模の雪崩であることが明らかになった。破断面まで登って積雪断面観察を行ない、デブリ末端付近の積雪断面観察も行なった。秋田谷英次元北大低温研所長に北海道テレビ放送HTBのヘリに同乗してもらい、空からの観察も行なった。私たちは尾関俊浩を筆頭筆者にして論文を雪氷学会誌に発表した。道警から許可が得られたので、積丹岳雪崩事故の特集ニュースを制作、放送することもできた。

HTB（2007年3月28日放送）　イチオシ！MIKIOジャーナル「悲劇はなぜ……積丹岳雪崩」　https://www.youtube.com/watch?v=tfO_L9B_zho

捜索の日、私一人では十分な調査を行なえなかったが、研究者たちを山岳ガイドがサポートすれば丁寧な調査が行なえる。その結果を論文にまとめ、講演会等で公表すれば雪崩事故防止に役立つにちがいない。私は雪氷災害調査チームの創設を日本雪氷学会北海道支部長である山田知充《ともみ》（北大低温研）に提案したのだった。

雪氷災害調査チームの発足

二〇〇七年十一月、雪氷災害調査チームが日本雪氷学会北海道支部の社会貢献事業の一環として創設された。「社会的影響の大きな雪氷災害発生時に調査チームを現場に派遣してその実態を調査し、記録にとどめ、社会の求めに応じて災害の防止や被害の軽減に資する情報を発信し、同時に災害をもたらした雪氷現象に関する知識を啓蒙・普及させるためである」

初代代表に私が就任した。創設から十六年間に二十二件の雪崩事故の調査を行ない、雪崩の原因を究明し、公表している。


「それはワカメだ」


二〇〇九年三月、私は乗鞍岳で行なわれていた第51次南極観測隊の冬訓練に参加していた。尾関俊浩から、羊蹄山で雪崩事故が発生したので雪氷災害調査チームを出動させるか判断を求める電話がかかってきた。雪氷災害調査チームのガイド、佐々木大輔と立本明広も冬訓練に参加していた。二人に聞くと札幌近郊の山々も雪崩の危険性が非常に高かったという。広範囲に存在した弱層があったということだ。調査する必要があると判断し、私は出動を指示した。中村一樹（当時、北大）が山麓で調査を行ない、弱層が降雪結晶だと突き止めた。

南極から帰国した私は二〇一〇年四月、新谷暁生のロッジ「ウッドペッカーズ」に雪氷災害調査チームを集め、研修を行なった。中村が羊蹄山調査を報告し、弱層となった降雪結晶の写真を見せた。

「それはワカメだ」

ニセコ雪崩調査所の若者が叫んだ。新谷が続けた。

「私たちはその雪の形が海藻のワカメに似ているので、ワカメと呼んでいます。雪崩の原因になる危険な雪として注目しています」

こうして中村一樹の降雪結晶研究が始まり、降雪結晶が降る気象のメカニズムが明らかになった。私は降雪結晶の知識の普及に力を入れた。今、降雪結晶が弱層になる危険な雪であること、南岸低気圧が接近する前などに降雪結晶が降ることが知られるようになった。

弱層、弱層テスト、雪崩ビーコンという言葉は、雪崩事故防止研究会の活動を始めた一九九一年、知らない人ばかりだった。今、これらの言葉を知る人は増え、降雪結晶も同じ道をたどっている。雪山を楽しむ人々の常識は変化し続けている。しかし、それでも雪崩事故はなくならない。

人間が変わるために

人間が変わるために必要なことは教育だ。教育は単一ではなく、多様性がなければならない。思考の柔軟性、多面的に自然と人を見る観察眼も必要だ。そのために私は二つの組織を創設し、活動を続けてきた。

「雪崩事故防止研究会」は教育を担い、「雪氷災害調査チーム」は調査研究を担う。雪崩事故を防止するための車の両輪である。

『証言 雪崩遭難』の解説を積丹岳雪崩事故の調査に関わり、雪氷災害調査チームの研究部門リーダーを務める尾関俊浩氏に執筆していただいた。北海道教育大学札幌校のキャンパス長に就任し、多忙を極める状況にもかかわらず簡潔でわかりやすい解説を執筆していただいたことに感謝する。

そして証言をしていただいた方々に心からお礼を申し上げたい。誠実に真実を語ってくれた、黒木岳志（仮名）さんのご遺族がツイッターの投稿と写真を雪崩事故防止に役立たせたいと、使用することを許可してくれた。黒木さんを悼み、ご遺族に深く感謝したい。こうして雪崩事故を防ぎたいという想いをこの本にまとめることができた。そして遅筆な私を支え、刊行まで導いてくれた編集者の神長幹雄氏に感謝したい。神長氏との交友は四十六年にもなった。四十六年の歳月を振り返るとき、私は変わっただろうかと自問する。社会のために、人々の役に立つために、私はもっと変わりたい。人間は変わり続けなければならないのだ。

参考文献

●上ホロカメットク山、下降ルンゼと化物岩

「十勝連峰 上ホロカメットク山雪崩事故報告書」宍倉優二、馬場明日希

「上ホロカメットク山雪崩遭難事故報告書」公益社団法人日本山岳会北海道支部

「２００７年11月23日 安政火口 札幌勤労者山岳会パーティーの行動」札幌中央勤労者山岳会

「上ホロカメットク山・化物岩雪崩事故仮報告書」北海道大学ワンダーフォーゲル部ＯＢ会

「２００７年11月に北海道上ホロカメットク山で連続発生した雪崩」尾関俊浩、八久保晶弘、岩花剛、中村一樹、樋口和生、大西人史、佐々木大輔、秋田谷英次（『雪氷』、２００８年）

『増補改訂版 雪崩教本』阿部幹雄、及川欧、大西人史、尾関俊浩、榊原健一、中村一樹、Genswein.M著（山と溪谷社、２０２２年）

「しもざらめ雪層の急速形成過程の観測」福沢卓也・秋田谷英次（『低温科学』、１９９２年）

「大きな温度勾配の下でのしもざらめ雪成長実験（II）」福沢卓也・秋田谷英次・松本慎一（『低温科学』、１９９３年）

「山と溪谷」２０２２年12月号

●大山

Schweizer, J. and J.B. Jamieson, 2000: Field observations of skier-triggered avalanches. Proceedings of the International Snow Science Workshop, Big Sky, MO

●立山浄土山

「２０１６年11月29日 浄土山北東斜面雪崩事故に関する報告書」東京工業大学ワンダーフォーゲル部

●白馬乗鞍岳

「白馬エリアでの雪崩発生に関わる気象条件の解明」太田あみ（新潟大学工学部建設学科社会基盤工学コース卒業論文、２００６年）

『増補改訂版　雪崩教本』阿部幹雄、及川欧、大西人史、尾関俊浩、榊原健一、中村一樹、Genswein.M著（山と溪谷社、２０２２年）

「山と溪谷」２０２３年１月号

●大雪山上川岳

「上川岳　雪崩事故報告書」北海道大学体育会山スキー部

「山と溪谷」２０２３年２月号

●おわりに

「活躍する雪氷災害調査チーム―北海道支部の社会貢献活動」山田知充（「雪氷」76巻6号）

「２００７年３月18日に積丹岳ピリカ台南斜面で発生した雪崩の調査報告書」尾関俊浩（「北海道の雪氷」No.26）

下記のＱＲコードから、上ホロカメットク山雪崩事故と白馬乗鞍岳裏天狗雪崩事故の映像を山溪チャンネルで視聴できる。

上ホロカメットク山
化物岩雪崩事故

白馬乗鞍岳裏天狗
雪崩事故生存救出

白馬乗鞍岳裏天狗
雪崩事故埋没者の証言

阿部幹雄（あべ・みきお）

1953年愛媛県生まれ。写真家、ビデオジャーナリスト。雪崩事故防止研究会代表、雪氷災害調査チーム前代表、（公社）日本雪氷学会、北海道大学山とスキーの会。中国高峰の遭難で生き残り、長く遺体の捜索収容活動を行なってきた。その体験から「山から生きて還る」ことを目的に雪崩教育のボランティア活動を行なっている。第49、50、51次日本南極地域観測隊セール・ロンダーネ山地地学調査隊のフィールドアシスタントを務め、研究者を支えた。フリーズドライ製法の南極野外食を開発。南極野外食は宇宙食となり、日本人宇宙飛行士に提供されている。今年新たに5品目の「宇宙日本食認証」を取得した。著書『那須雪崩事故の真相――銀嶺の破断』、『生と死のミニヤ・コンガ』、『増補改訂版　雪崩教本』（山と溪谷社）ほか多数。

尾関俊浩（おぜき・としひろ）

1968年北海道生まれ。北海道教育大学教授。理学博士。2010年から14年、公益社団法人日本雪氷学会雪崩分科会長。2017年から21年まで日本雪氷学会理事。雪氷物理学を専門とし、雪崩や着氷雪などの雪氷災害科学の研究を行なう。また、雪や氷を使った理科教材の研究にも取り組んでいる。北大基礎スキー部OB。この10月、北海道教育大学札幌校キャンパス長に就任。

●カバー写真
エヴァーグリーン・アウトドアセンター
寺山　元
●本文写真
阿部幹雄、尾関俊浩、雪氷災害調査チーム
上ホロ下降ルンゼ
會田圭治
上ホロ化物岩
三浦康、中央労山、阿部夕香
大山別山沢
野沢人史、伊藤祈
立山浄土山
飯田　肇
尾瀬燧ヶ岳
黒木岳志、藤澤孝安
白馬乗鞍岳
渋沢　暉、エヴァーグリーン・アウトドアセンター
大雪山上川岳
北海道防災航空隊、三浦正義、三宅靖風、合田爽馬
●ブックデザイン
尾崎行欧、本多亜実、北村陽香(尾崎行欧デザイン事務所)
●編集
神長幹雄（山と溪谷社）
●校正
山本修二
●地図、ＤＴＰ　株式会社千秋社

証言　雪崩遭難

二〇二三年十二月五日　初版第一刷発行

著者　阿部幹雄
解説　尾関俊浩
発行人　川崎深雪
発行所　株式会社 山と溪谷社
郵便番号 一〇一－〇〇五一
東京都千代田区神田神保町一丁目一〇五番地
https://www.yamakei.co.jp/

印刷・製本　大日本印刷株式会社

●乱丁・落丁、及び内容に関するお問合せ先
山と溪谷社自動応答サービス
電話 〇三－六七四四－一九〇〇
受付時間／十一時～十六時
（土日、祝日を除く）
メールもご利用ください。
【乱丁・落丁】service@yamakei.co.jp
【内容】info@yamakei.co.jp

●書店・取次様からのご注文先
山と溪谷社受注センター
電話 〇四八－四五八－三四五五
FAX 〇四八－四二一－〇五一三
●書店・取次様からのご注文以外のお問合せ先
eigyo@yamakei.co.jp

＊定価はカバーに表示してあります

 Printed in Japan ISBN978-4-635-14031-7